RHODOS UND KOS

Text: Wolf Seidl

INHALT

ISBN 3-87531-404-2

Der Großmeisterpalast in Rhodos vom Mandraki-Hafen aus gesehen

Einladung nach Rhodos und Kos

Von zweierlei Art sind die Inseln des Ägäischen Meeres: kahl und karg sind die einen, üppig und grün die anderen. Welche Schönheit man faszinierender findet, ist eine Liebesentscheidung.

Die beiden Dodekanes-Inseln Rhodos und Kos jedenfalls gehören zu den grünen Inseln, den sanften, anmutigen, einladenden. „Aphroditens Kind" nannte der griechische Lyriker Pindar die Insel Rhodos, um ihre Schönheit zu preisen, und die Fruchtbarkeit von Kos kennzeichnet der Komödiendichter Irondas: „Süßes Kos, vom Meer eingefaßt, wo es gut zu leben ist."

Rhodos und Kos sind Schwesterinseln. Geographisch benachbart, geologisch verwandt, erleben (und erleiden) sie historisch und kulturell ein ähnliches Schicksal. Wegen ihrer Schlüsselposition vor der kleinasiatischen Küste waren sie seit prähistorischen Zeiten aus politischen, militärischen und wirtschaftlichen Gründen bis in unser Jahrhundert stets heiß begehrt und entsprechend umkämpft. Beide Inseln gehören erst seit 1947 zum griechischen Staatsgebiet. Die modernen Eroberer sind die Touristen – weil Rhodos und Kos eben nicht nur wichtig, sondern ganz einfach schön sind. Sonnen-, Bade- und Kunstfreunde kommen gleichermaßen auf ihre Kosten.

Hafen der Stadt Kos vor der Mauer der Johanniterburg

„Eine Reise nach Rhodos zu planen, hat etwas Erregendes, weil man nicht mit Sicherheit sagen kann, ob man die Insel erreichen wird." Dieser Satz des Reverend Toster ist noch keine hundert Jahre alt. Er hat lange genug gestimmt – und ist heute ganz und gar ungültig. Kein Schiff, das an Rhodos vorbeiführe; kein Tag, an dem man nicht von Athen aus mehrfach in einer guten Stunde nach Rhodos fliegen könnte; von den unzähligen Chartermaschinen, die Rhodos direkt ansteuern, ganz zu schweigen. Und seit Kos auch über einen modernen Flugplatz verfügt, gilt für die Nachbarinsel das gleiche. Rhodos ist die griechische Ferieninsel schlechthin. Das kleinere und stillere Kos ist erst in den letzten Jahren entdeckt und entsprechend ausgebaut worden.
Natürlich ist Rhodos nicht nur die größere, sondern auch die bedeutendere Insel – historisch und archäologisch wie auch touristisch betrachtet. So gebührt der Insel des Helios der größere Raum in diesem Buch. Soweit die beiden Inseln gleichartige Entwicklungen erlebten – zum Beispiel während der Kreuzritterzeit –, wird schon im Rhodos-Teil darauf hingewiesen. Die Eigenentwicklungen und Eigentümlichkeiten von Kos sind dann bei der Beschreibung dieser Insel aufgeführt. Es sind nicht wenige, und so kann schon hier ein guter Rat gegeben werden: Wer auf Rhodos urlaubt, besuche auch Kos und umgekehrt. Mit den modernen Tragflügelbooten dauert die Fahrt nur zwei Stunden.
Cherete – das ist das griechische Wort für „Sei gegrüßt!" In seiner ursprünglichen Bedeutung hat das Wort noch einen tieferen Sinn: „Sei glücklich!" Auf Rhodos und Kos sollte das nicht allzu schwierig sein.

Der Steckbrief: Das Wichtigste in Kürze

Geographische Lage:	Rhodos und Kos gehören zum *Dodekanes* („Zwölfinselgruppe", in Wirklichkeit sind es dreizehn), einer Inselgruppe, die vor der Küste Kleinasiens liegt, von der sie nur ein schmaler Meeresarm trennt.
Staatsangehörigkeit:	Nach vielen Herrschaftswechseln gehören die Inseln Rhodos und Kos seit dem 31. Mai 1947 zum griechischen Staatsgebiet.
Staatsform:	Griechenland ist eine parlamentarisch-demokratische Republik nach der Verfassung von 1975.
Sprache:	Neugriechisch. Rhodos und Kos sind ausgesprochene Touristeninseln, also kann man sich im allgemeinen mit Englisch verständigen. Ältere Einwohner sprechen auch italienisch.
Religion:	Griechisch-orthodox sowie eine kleine Minderheit von Türken abstammender Moslems.
Rhodos:	Diese viertgrößte Insel ist die Hauptinsel des Dodekanes. Sie hat eine Fläche von 1412 qkm (etwa so groß wie Gran Canaria), ist ca. 78 km lang und bis zu 38 km breit. Rhodos ist sozusagen das griechische Mallorca und zählt pro Jahr etwa 600 000 Touristen. Die Stadt Rhodos (ca. 42 000 E.) ist nicht nur die Hauptstadt der Insel, sondern des ganzen Dodekanes. Gesamtbevölkerung der Insel Rhodos: ca. 88 000 E.
Kos:	Nach Rhodos und Karpathos ist Kos die drittgrößte Insel des Dodekanes. Die gleichnamige Hauptstadt zählt etwa 12 000 E., die ganze Insel etwa 21 000 E. Die Gesamtfläche beträgt 290 qkm (halb so groß wie Ibiza). Kos ist etwa 50 km lang und an der schmalsten Stelle kaum 10 km breit. Der Tourismus hat sich in den letzten Jahren auf Kos stürmisch entwickelt, so daß die Insel heute über genügend Hotels aller Kategorien verfügt.
Einnahmequellen:	Beide Inseln sind sehr fruchtbar und erlauben infolge des milden Klimas mehrere Ernten im Jahr. Hauptausfuhrartikel sind Zitrusfrüchte, Öl, Gemüse, Wein. Der Fischfang ist unbedeutend. Typische handwerkliche Erzeugnisse sind Keramik, Teppiche, Web- und Stickarbeiten. Die Haupteinnahmequelle ist für beide Inseln der Tourismus samt seinem Nebengewerbe.
Zollerleichterungen:	Beiden Inseln wurden gewisse Zollerleichterungen zugestanden. So sind z. B. ausländische Spirituosen erheblich billiger als im übrigen Griechenland.
Zeitverschiebung:	MEZ plus eine Stunde (auch während der Sommerzeit, die in Griechenland ebenfalls eingeführt ist).

Die Inseln Rhodos und Kos im Wandel der Zeit

4. und 3. Jahrtausend v. Chr. Rhodos und Kos sind von einer mittelmeerländischen Rasse besiedelt, den sagenhaften „Pelasgern".

2. Jahrtausend v. Chr. Phönizier siedeln auf Rhodos und Kos und legen Faktoreien an. (Wahrscheinlich sind mit den als „Telhinen" bezeichneten Ureinwohnern von Rhodos die Phönizier gemeint.)

um 1400 v. Chr. Festlandsgriechen (Achäer) legen auf Rhodos die ersten befestigten Siedlungen an.

um 1200 v. Chr. „Trojanischer Krieg".

um 1100 v. Chr. Dorische Griechen bemächtigen sich der Inseln Rhodos und Kos und machen die achäischen Burgen Lindos, Ialysos und Kamiros zu selbständigen Stadtstaaten.

um 800 v. Chr. Homer.

um 700 v. Chr. Die drei rhodischen Städte gründen mit Kos, Knidos und Halikarnassos den dorischen Sechsstädteverband (Hexapolis). Lindos gründet die ersten Kolonien in Italien, Frankreich, Spanien und Nordafrika.

um 550 v. Chr. Kleobulos, einer der Sieben Weisen, regiert über Lindos.

490/479 v. Chr. Perserkriege. Rhodos und Kos kämpfen auf seiten der Perser, schließen sich jedoch nach der Niederlage der Perser

477 v. Chr. dem Attischen Seebund an.

464 v. Chr. Diagoras siegt in den 79. Olympischen Spielen für Rhodos. Pindar dichtet für Diagoras die siebte olympische Hymne, in der er die Mythen und Sagen von Rhodos zusammenfaßt.

460 v. Chr. Hippokrates, der größte Arzt des Altertums, wird auf Kos geboren.

431–404 v. Chr. Peloponnesischer Krieg zwischen Athen und Sparta.

411 v. Chr. Rhodos trennt sich von Athen.

408 v. Chr. Die drei rhodischen Stadtstaaten gründen die gemeinsame Hauptstadt Rhodos.

400/300 v. Chr. Rhodos kommt zwar zeitweise unter den Einfluß des karischen Fürstentums (Maussolos, Artemisia), kann aber seine Stellung als Handelsplatz bewahren.

um 366 v. Chr. Gründung der Hauptstadt Kos.

356 v. Chr. Alexander der Große wird geboren.

334 v. Chr. Truppen Alexander d. Gr. besetzen Rhodos. Rhodos unterstützt Alexander bei der Belagerung von Tyrus.

333 v. Chr. Alexandria wird gegründet.

323 v. Chr. Tod Alexanders des Großen. Der Streit um die Nachfolge führt zu den „Diadochenkriegen" (bis 280 v. Chr.).

305/304 v. Chr. Demetrios Poliorketes, Sohn des Diadochen Antigonos, belagert Rhodos, weil die Insel sich weigert, Waffenhilfe gegen das Ptolemäerreich zu leisten. Die Belagerung bleibt erfolglos und endet mit einem Bündnis. Zur Erinnerung an die Belagerung wird

um 290 v. Chr. der „Koloß von Rhodos" aufgestellt, eine über 30 m hohe Bronzestatue, die der Bildhauer Chares aus Lindos in zwölfjähriger Arbeit hergestellt hatte.

227 v. Chr. Ein Erdbeben zerstört Rhodos und den Koloß von Rhodos.

3./2. Jh. v. Chr. Blüte von Kunst und Wissenschaft auf Rhodos.

191 v. Chr. Rhodos unterstützt Rom im Kampf gegen Makedonien und Syrien und erhält dafür Besitzungen in Kleinasien.

ca. 180–110 v. Chr. Panaitios von Rhodos. Der bedeutende Stoiker lehrt in Rom und macht die vornehmsten römischen Familien aufnahmebereit für die griechische Philosophie.

171–168 v. Chr. 3. römisch-makedonischer Krieg. Rhodos sympathisiert mit dem makedonischen König Perseus und wird nach der Niederlage Makedoniens hart bestraft. Der größte Teil der kleinasiatischen Besitzungen wird eingezogen, Delos als Konkurrenz zu Rhodos zum Freihafen erhoben, was den rhodischen Handel erheblich schädigt.

135–51 v. Chr. Poseidonios von Rhodos. Der Schüler des Panaitios gründet in Rhodos eine Rhetorikschule (Universität), an der zahlreiche vornehme Römer studieren, u. a. Cicero, Pompejus, Cäsar, Cato, Brutus, Cassius, Lucrez. Rhodos wird führend in Kunst und Wissenschaft. Die „Laokoongruppe" entsteht.

42 v. Chr. Cassius, selbst ein Schüler der rhodischen Universität, belagert die Insel, erobert und plündert die Stadt Rhodos und verschleppt 3000 Statuen nach Rom.

51 n. Chr. Paulus besucht Rhodos und Kos.

269 n. Chr. Goten erobern Rhodos.

297 n. Chr. Kaiser Diokletian erklärt Rhodos zur römischen Provinz.

395 n. Chr. Nach dem Tod des Kaisers Theodosios wird das Römische Reich geteilt. Rhodos und Kos kommen zu Ostrom (Byzanz).

653 n. Chr. Araber erobern Rhodos und verkaufen die Trümmer der Heliosstatue an einen Schrotthändler.

807 n. Chr. Seldschuken erobern Rhodos.

1096–1099 n. Chr. 1. Kreuzzug. 1099 Erstürmung Jerusalems.

1202–1204 n. Chr. 4. Kreuzzug. 1204 Eroberung Konstantinopels.

1291 n. Chr. Akkon, das letzte christliche Bollwerk, wird von den Mameluken erobert. Die Kreuzzüge sind gescheitert, die Ritterorden (Templer und Johanniter) ziehen sich nach Zypern zurück.

1309 n. Chr. Die Johanniter erobern Rhodos.

1314 n. Chr. Die Johanniter erobern Kos.

1453 n. Chr. Eroberung Konstantinopels durch die Türken.

1479/1480 n. Chr. Erfolglose Belagerung von Rhodos durch die Türken.

1522 n. Chr. Sultan Suleiman der Prächtige belagert Rhodos und zwingt die Johanniter zum (ehrenvollen) Abzug aus Rhodos und Kos.

1523–1912 n. Chr. Rhodos und Kos unter türkischer Herrschaft.

1911–1912 n. Chr. Italienisch-türkischer Krieg. Die Dodekanes-Inseln werden von den Italienern besetzt.

1943 n. Chr. Nach dem Sturz Mussolinis heftige Kämpfe zwischen Deutschen und Italienern. Deutsche Besetzung von Rhodos und Kos.

1945 n. Chr. Ende des 2. Weltkrieges. Engländer verwalten Rhodos und Kos.

1947 n. Chr. Rhodos, Kos und der ganze Dodekanes werden an Griechenland zurückgegeben.

Die wichtigsten Götter der griechischen Mythologie

Zeus

Gaia (Terra mater):

Die Erdgöttin erzeugte aus sich selbst – neben vielen anderen – den Uranos.

Titanen:

Mit ihrem Sohn und Gatten Uranos erzeugte Gaia die Titanen, u.a. Kronos, Okeanos, Japetos, Rhea und Hyperion (den Vater des Helios).

Götter:

Kronos und seine Schwester Rhea erzeugten Zeus (Jupiter), Poseidon (Neptun), Hades (Pluton), Hera (Juno), Hestia (Vesta), Demeter (Ceres).
Die drei Brüder teilten sich die Welt, wobei Zeus den Olymp und die Vorherrschaft, Poseidon das Meer und Hades die Unterwelt erhielt.
Zeus erzeugte mit seiner Schwester und Gattin Hera die Götter Ares (Mars), Hephaistos (Vulcan), Hebe, Eilythia; aus sich selbst Pallas Athene (Minerva); mit Leto Apollon und die Artemis (Diana); mit Maja den Hermes (Merkus), mit Dione die Aphrodite (Venus).

Aphrodite

Athene

Poseidon

Hera

Heroen:

Während Zeus mit den Göttinen (oder Nymphen) eine neue Göttergeneration ins Leben rief, entstanden aus seinen unzähligen Liebschaften zu schönen Erdbewohnerinnen die Halbgötter (Heroen), die Mittler zwischen Götter- und Menschenwelt.

Besonders wichtige Verbindungen: Die phönizische Prinzessin Europa (die er in Gestalt eines Stieres nach Kreta brachte) gebar ihm Minos, den ersten König von Kreta. Danae, auf die er als Goldregen herabfiel, Perseus; Leda, der er sich als Schwan nahte, Kastor, Pollux und Helena; Alkmene, die er in Gestalt ihres Gatten Amphitryon besuchte, den Herakles.

Apollon

Hermes

Spezialitäten aus Küche und Keller

Wie die griechische Landschaft von wenigen starken Akzenten geprägt ist – Himmel, Meer, Felsen, Baum, Acker –, so die griechische Küche: Öl, Oliven, Tomaten, Artischocken, Peperoni, Knoblauch, Zwiebeln, Hammel- und Lammfleisch, Schafs- und Ziegenkäse, Weintrauben. Das sind die Hauptelemente. An den Küsten natürlich Fische und Meeresgetier jeder Art. Dazu Anisschnaps *(Ouzo)* und geharzter Wein *(Retsina)*.

Theoretisch möchte natürlich jeder Gast die Spezialitäten des fremden Landes probieren – zumindest solange er noch zu Hause ist. Praktisch sieht es am Urlaubsort etwas anders aus. In allen Gebieten mit starkem Reiseverkehr haben sich die Hotels längst auf den Geschmack ihrer Gäste eingestellt, was zwar höflich und angenehm ist, zugleich aber auch schade, weil es zu einer zunehmenden Nivellierung führt.

„Der Tor geht in die Museen, der Weise in die Tavernen" – dieser schöne Satz stammt nicht von einem Vielfraß oder Alkoholiker, sondern von einem der gebildetsten Griechenlandnarren, die es in Deutschland gab, von Erhart Kästner. Man gehe also (auch) in die Tavernen und lasse sich nicht entmutigen, weder von der fremden Sprache, noch vom (zunächst) fremden Geschmack.

Verständigungsschwierigkeiten gibt es nicht, auch wenn man die handgeschriebene griechische Speisekarte nicht entziffern kann. (In den größeren Städten und in den Touristenorten findet man meist eine mehrsprachige Karte.) Man geht nämlich schnurstracks in die Küche, hebt jeden Deckel hoch, schnuppert an jedem Topf und zeigt schließlich auf das, was man gerne essen möchte. Das ist keineswegs unhöflich, sondern auch unter Griechen üblich. Findet man unter den Fertiggerichten keines, das einem behagt, mustert man den Kühlschrank.

Die „Essenssituation" ist selbstverständlich unterschiedlich. In den Städten und den ausgesprochenen Touristenorten bekommt man natürlich alles, und die Hotels servieren – siehe oben – internationale Küche – oder was man dafür hält. Aber auch dort gibt es meist gleich nebenan urwüchsige Tavernen. Sie sind billiger und origineller. (Schon deswegen buche man nach Möglichkeit Halbpension!) Auf dem Land wird man kein raffiniertes Menü erwarten können. Angst braucht man niemals zu haben.

Die Zubereitung des Hauptgerichts dauert natürlich einige Zeit, was Griechen keineswegs stört, weil sie ihr Essen nämlich zelebrieren. Essen ist nicht Nahrungsaufnahme, sondern ein Gastmahl. Eine seiner wesentlichen Funktionen besteht sowieso darin, daß es Anlaß zum Reden bietet – dem griechischen Nationalsport schlechthin.

Aperitifs und Vorspeisen

Man trinkt als Aperitif zunächst einen *Ouzo,* einen Anisschnaps, der glasklar aus der Flasche quillt, sich aber milchig verfärbt, wenn man ihn mit Wasser mischt. Unverdünnter Ouzo ist, auch wenn er einem noch so gut schmecken sollte, mit Vorsicht zu genießen. Er ist ziemlich hochprozentig und sägt einem unversehens die Beine ab. Ein Gläschen jedoch ist sehr bekömmlich und macht Gaumen und Magen bereit für die Vorspeisen. Kleine Tavernen beschränken sich dabei auf Salat oder richtiger auf die Zutaten zu einem Salat: Tomaten, Gurken, Paprikaschoten, Oliven, Schafskäse. Alles in ziemlich groben Scheiben, in Olivenöl schwimmend, unvermischt und nicht angemacht. Salz, Pfeffer (und meist noch einmal Öl) stehen auf dem Tisch. Dazu Brot, ebenfalls in dicken Scheiben, kaltes Wasser gegen den Durst (überall unbedenklich zu trinken) und was man sich eben sonst bestellt hat. Dazu Vorspeisen *(Mezes)*, die sich bis zu einem höchst pikanten Hors d'œuvre auswachsen können: Fischeier, Auberginensalat, Sardinen, schwarze und grüne Oliven, Scampi, Muscheln, Eier in Mayonnaise, Salamischinken.

Suppen

Danach muß der Magen natürlich beruhigt werden, und das geschieht mit einer Zitronensuppe *(Suppa avgolémeno)*, einer Geflügelcremesuppe (oder einer Consommé), die mit Eigelb, Rahm und Zitronensaft angemacht ist; oder mit einer Bohnensuppe *(Fassoláda)*, die mit Öl, Sellerie und Karotten pikant bereitet wird. Verschiedene Fischsuppen, die man in den Hafenorten bekommen kann, sind ein Hauptgericht für sich wie die französische Bouillabaisse.

Zwischengerichte

Die Zwischengerichte – unser Lamm ist immer noch nicht fertig – sind meist deutlich italienischen Ursprungs, wie man überhaupt sagen kann, daß die griechische Küche ungefähr in der Mitte zwischen der italienischen und der orientalischen Küche angesiedelt ist.

Maccaronia con salza: Nudeln in Tomatensauce, evtl. mit Hackfleisch (alla bolognese).

Maccaronia (Pastitsio) me kima: Makkaroniauflauf mit Hackfleisch, Tomaten, Zwiebeln, mit Käse oder Béchamelsauce überbacken.

Maccaronia special: das gleiche, aber mit Leberstückchen, Schinken, Erbsen.

Moússaka: eine Art Pastete aus Auberginen, Hackfleisch, Blätterteig, mit Käse bestreut und dick mit Béchamelsauce überbacken.

Keftédes: kleine Hackfleischkügelchen, in schwimmendem Fett ausgebakken.

Gívos: Keftédes am Spieß geröstet.

Suzugákia: Hackfleischmasse wird zigarrenförmig abgedreht, in heißem Öl gebraten und mit einer pikanten Sauce (Ouzo, Zwiebeln, Tomaten, Peperoni) serviert.

Biftékia: Hamburger.

Ghiouvalákia: Hackfleisch wird mit Reis in einer Brühe gekocht und mit Zitronensaft übergossen.

Souvlákia: Fleischstücke am Spieß.

Dolmádes: Reis und Hackfleisch gemischt und in Weinblätter eingewikkelt.

Vodino stiváho: Reisgulasch mit kleinen Zwiebeln.

Fleischgerichte

Arni souvlákia: Das griechische Nationalgericht ist – daran hat sich seit Homer nichts geändert – Hammel oder Lamm. Auch wer Hammel eigentlich nicht mag, braucht sich davor nicht zu fürchten. Er ist höchstens einjährig, „hammelt" also nicht. Außerdem werden Lamm und Hammel über offenem Feuer gebraten; auf dem Land über Holz aus der Maccia, das mit dem Rauch seinen aromareichen Duft an das Fleisch abgibt.
Katópulo: Hühnerfleisch; *Gurunópulo:* Ferkelfleisch;
Moschári: Kalbfleisch; *Vodíno:* Rindfleisch.
Kokorétsi: eine Mischung aus sämtlichen Innereien, langsam am senkrecht stehenden Spieß gebraten (nur für robustere Mägen).
Magirítsa: Suppe aus den gleichen Substanzen.
Kolokíthia gemista: Zucchini mit Fleisch und Reis gefüllt, im Ofen gebakken, mit Zitronensauce.

Fische, Meeresfrüchte

Die Ägäis ist ein fischarmes Meer. Fische sind daher teuer, nur an den Küsten zu bekommen und sollten nur ganz frisch gegessen werden. Dann allerdings sind sie köstlich.
Barbúnia: Rotbarben; *Sinágridka;* Zahnbrassen; *Garídes:* Krabben; *Kalamarákia:* Tintenfische; *Oktápodi:* Polypen.

Desserts

Käse ist – soweit einheimisch – Schafs- oder Ziegenkäse, wird von Region zu Region verschieden zubereitet. Die Geschmacksvarianten sind erstaunlich.
Die Süßspeisen *(Gliká)* verraten deutlich ihre orientalische Herkunft, sind alle sehr süß und nicht gerade gut für die schlanke Linie. Immerhin sollte man sie probieren.
Báklava: dünner Blätterteig, gefüllt mit Zucker, Nüssen, Mandeln, mit Honig übergossen. *Galatópita:* Mehl-Grieß-Kuchen mit Vanillecreme gefüllt. *Búchaza:* Blätterteig, gefüllt mit einer Creme aus Sahne, Mehl und Zucker.
Glikó ist jedoch – das muß betont werden – nicht nur Nachspeise, sondern auch ritueller Willkommensgruß, der dem Gast mit Wasser angeboten wird (vor allem in Klöstern) und auch dann nicht abgelehnt werden darf, wenn er nur aus klebriger Vanillecreme besteht!
Zum Abschluß trinkt man immer Kaffee. Der zunehmende Touristenstrom hat es mit sich gebracht, daß dem Fremden oft unaufgefordert Nescafé serviert wird. Wer dem entgehen will, verlange ausdrücklich griechischen (türkischen) Kaffee *Elleniko,* der jeweils einzeln zubereitet und mit dem Zucker zusammen aufgekocht wird. *Skétos* ist ohne Zucker, *métrios* mittelsüß, glikó süß.

Getränke

Es gibt in Griechenland überall ausgezeichnetes Bier. In den besseren Tavernen und allen Restaurants auch eine Anzahl guter bis sehr guter

Weiß-, Rosé- und Rotweine. Offener Landwein ist leider nur noch in Ausnahmefällen zu bekommen. Immerhin lohnt es sich, danach zu fragen. Im allgemeinen aber trinke man *Retsina,* den geharzten Landwein! Er ist nicht nur mit Abstand am billigsten, er ist vor allem auch mit Abstand am bekömmlichsten.
Das griechische Essen steht unter Touristen oft in dem Verruf, daß es uns Nordländern unbekömmlich sei und Verdauungsstörungen hervorrufe. Daß viele Deutsche nach dem Tavernenessen erst einmal Bauchweh kriegen, ist leider wahr. In neun von zehn Fällen liegt das aber nicht am Essen, sondern am Trinken!
Jeder Arzt weiß, daß Olivenöl das bekömmlichste aller Fette ist. Daran liegt es also nicht. Doch unsere Mägen müssen sich an das viele Öl erst gewöhnen, und wenn man das Öl dann mit eiskaltem Wasser oder eiskaltem Bier mischt, dann revoltieren sie, einfach weil sich Öl und Wasser oder Öl und Bier nicht verbinden.
Ganz anders der Retsina. Er verdankt seine Entstehung einer praktischen Notwendigkeit: die alten Griechen besaßen weder Flaschen noch dichte Fässer. Sie transportierten Wein in Ziegenschläuchen oder großen Tongefäßen. Diese wurden mit Kiefernharz ausgestrichen, um sie zu dichten. Gleichzeitig verhinderte der Harzzusatz eine Nachgärung, die sich in diesen nicht sterilisierten Behältern nur allzu leicht einstellte. Das Harz der Aleppokiefer hat also eine desinfizierende Wirkung. Die praktische Notwendigkeit ist längst fortgefallen. Die Griechen wissen aber sehr wohl, warum sie das Verfahren beibehalten haben. Wenn man sich einmal an den Harzgeschmack gewöhnt hat, kann man vom Retsina kaum mehr lassen.

Fleischklößchen mit Soße aus Eiern und Zitrone

(Youvarlákia me saltsa avgolémeno)

Für 5 Personen: 1 Pfund gehacktes Kalbfleisch, ½ Tasse Weißwein, ½ Tasse Wasser, 1 Ei, 1 Tasse Paniermehl, 1 Teelöffel Salz, Pfeffer, 3 Tassen Kalbsbouillon; Soße aus Eiern und Zitronensaft, gehackte Petersilie.

Alle Zutaten, außer der Kalbsbouillon, der Petersilie und der Eier- und Zitronensoße, sehr gut vermischen. Die Bouillon zum Sieden bringen. Von der Mischung kleine Kugeln formen und diese in die Bouillon geben. Etwa 10 Minuten leicht kochen lassen. Auf einer Platte anrichten und warm halten. Die Bouillon sieben und für die Soße zurückbehalten.
Soße: 2 Suppenlöffel Mehl mit 2 Suppenlöffeln geschmolzener Butter vermischen. Die Bouillon beifügen und unter ständigem Rühren kochen, bis die Mischung eingedickt ist. 2 Eigelb mit 4 Suppenlöffeln Zitronensaft schlagen und dies, unter starkem Schlagen, der warmen Soße beigeben. 2 Minuten auf sehr schwachem Feuer kochen, ohne mit dem Rühren aufzuhören.
Die Soße über die Fleischkugeln gießen und mit Petersilie garnieren.

Gute Tips für unterwegs

Im Griechischen gibt es für den Fremden und den Gast nur ein einziges Wort: *xenos.* Der Fremde ist der Gast. Und wird auch so behandelt – wenn er sich entsprechend, nämlich als Gast verhält. Verstößt er gegen die Landessitten in zu eklatanter Weise, so kann es umgekehrt zu „Xenophobie" kommen, zur Fremdenfeindlichkeit. Die Griechen sind im allgemeinen außerordentlich freundlich, auch und gerade dem Fremden, dem Gast gegenüber. Entscheidende Regel also: auch freundlich sein!
Der griechische Tourismus hat sich in den letzten Jahren sehr schnell, mancherorts allzuschnell entwickelt. Das hat zur Folge, daß nicht in allen Hotels – und vor allem in den unteren Rängen – ausreichend geschultes Personal zur Verfügung steht. Schimpfen hilft dann gar nichts. Sie sind im Urlaub und haben Zeit. Das mediterrane Lebensgefühl ist anders als das unsere. Bei ernsthaften Reklamationen wende man sich natürlich an die Rezeption bzw. an die Reiseleitung. Aber setzen Sie voraus, daß es eigentlich niemals am guten Willen fehlt.
Einige Tabus sollten beachtet werden: Nacktbaden ist in ganz Griechenland verboten und kann zu empfindlichen Strafen führen. An den Stränden von Rhodos und Kos wird „oben ohne" im allgemeinen stillschweigend geduldet. In Badekleidung geht man nicht durch die Straßen. Besitz und Handel mit Rauschgift wird drakonisch bestraft. Antike Gegenstände – auch Ikonen! – darf man ohne spezielle Genehmigung nicht ausführen. Auch dann nicht, wenn sie rechtmäßig erworben sind. In Kirchen und Klöstern ist man dezent gekleidet und benimmt sich entsprechend. Gespräche über griechische Politik meidet man am besten. Will man einen Griechen photographieren, so fragt man ihn vorher – sie haben selten was dagegen. Mit dem Trinken sollte man vorsichtig sein und stets daran denken, daß der Anblick eines wirklich Betrunkenen das griechische Auge zutiefst beleidigt. Die Griechen selbst trinken – wie eigentlich alle Mittelmeervölker – nur zum Essen und auch dabei sehr mäßig. Aber das alles ist ja eigentlich selbstverständlich. Der Fremde ist nicht der Herr, sondern der Gast, auch wenn er bezahlt. Und den freundlichen Gast mögen die Griechen gern. Es wird Ihnen nicht schwerfallen, auch die Griechen gern zu mögen. Sie machen es dem *xenos,* dem Fremden, dem Gast, leicht.

Die Einfahrt zum Mandraki-Hafen

Die Insel Rhodos

Insel des Helios

Heliusa, Sonnenfreundin, wurde Rhodos im Altertum genannt, und das kam so: Als die Götter die Welt unter sich teilten, vergaßen sie Helios, den Sonnengott, einfach deswegen, weil er unterwegs war mit seinem Sonnenwagen. Was tun Außendienstleute, wenn sie abends müde heimkommen und dann feststellen müssen, daß man sie übergangen hat? Sie schlagen Krach. So Helios. Schließlich war er der Sohn des Titanen Hyperion, wie Zeus selbst also aus ältestem Adel. Und zugleich einer der allerwichtigsten Funktionäre. Ihn zu verstimmen, war gefährlich. Wenn er sich weigerte, mit seinem Sonnenwagen über das Himmelsgewölbe zu fahren, versank die Welt in ewige Finsternis.
Zeus erbot sich, die Verlosung rückgängig zu machen, doch das Problem ließ sich leichter lösen als gedacht. Denn Helios hatte auf seinem Lauf eine noch ungeborene Insel entdeckt.
Eines verschwieg Helios: nicht nur ein Eiland hatte er gesehen, sondern auch eine herrliche Frau: Rhodon, eine Tochter des Meergottes Poseidon. Bei der Schicksalsgöttin ließ er die Olympier schwören, daß die Insel ihm gehören solle.
„Und das höchste Ziel ward der Worte erreicht,
Die in Wahrheit sich erfüllten. Sproß doch aus salziger Flut
Die Insel; die hat nun der scharfe
Strahlen erzeugende Vater inne, der
Feuersprühenden Rosse Lenker.“ (Pindar)
Mit der Insel gewann er die schöne Nymphe und nahm sie zu seiner Gemahlin.
Rhodon heißt Rose, bezeichnet aber auch die Blüte des Granatapfels, und noch heute rätseln die Gelehrten, ob das Münzwappen der Stadt eine sti-

Insel der Sonne

lisierte Rose zeigt oder eben die Granatapfelblüte. Eine Frage für Botaniker und Archäologen. Uns braucht sie nicht zu kümmern. Rose war jedenfalls der Name der anmutigen Nymphe, und Granatapfel, das ist ein Wort für die Brüste der Mädchen.
Mythos ist verdichtete Wirklichkeit, Wirklichkeit in Bildern ausgedrückt. Die Geologen lehren uns, daß Rhodos durch ein Seebeben aus den Fluten gehoben worden sei, und die geheimnisvollste Statue der Insel wurde auf dem Meeresgrund gefunden, darum nennt man sie „Meeresvenus".

Insel der Sonne

Etwa 600 000 Touristen kommen alljährlich nach Rhodos, ungefähr ein Drittel davon Deutsche. Warum? Weil Rhodos wunderschön ist. „In der ganzen Welt habe ich keinen schöneren Himmel gesehen und kein fruchtbareres Land", notierte sich Lamartine, und die Bücher, die zum Lobe von Rhodos geschrieben wurden, füllen nachgerade Bibliotheken.
Von Mai bis Oktober wolkenloser Himmel, strahlende Sonne. Das gilt für viele südliche Gestade. Rhodos schenkten die Götter noch zwei Himmelsgaben hinzu: das Wasser und den Wind. Wer einmal im April oder Mai Griechenland bereist hat, weiß, daß es im Frühjahr dort blüht, alles ist über und über mit Blumen bedeckt. Doch währt die Herrlichkeit nur kurz; im Juli ist die Ernte eingebracht, unter den sengenden Strahlen der Sonne vertrocknet die Erde, bricht auf und birst. Die Pfeile des Sonnengottes sind tödlich. Wüstenwinde wehen herüber, die Vegetation stirbt. Auf den vielfach wasserlosen Inseln kann der Mensch nur überleben mit Hilfe großer Zisternen, in denen das Winterwasser gesammelt ist. Wenn man dem Fremden ein Glas Wasser als Willkommenstrunk schenkt, so bietet man ihm das Wertvollste, was man besitzt.
Ganz anders Rhodos und Kos. Die Inseln liegen auf der Höhe von Nordafrika, doch sind die Temperaturen selbst im Hochsommer erträglich.

Strand der Stadt Rhodos

Das verdanken sie dem Meltemi, einem Nordwestwind, der fast mit der Stetigkeit eines Passats bläst, immer für Kühlung sorgt, unzählige Windräder antreibt und die Überfahrt nach Rhodos gelegentlich erlebnisreich gestaltet.

Rhodos hat nicht die herbe, ein wenig abweisende Schönheit der Kykladeninseln. Rhodos, die Insel, die aus der Liebe des Sonnengottes zu einer Nymphe entstand, ist ein Fruchtgarten, eine Oase, ein Paradies. Leuchtend ist es wie seine Orangen, frisch wie seine Limonen, blühend wie die Hibiskusbüsche und die Bougainvillea, die alle Mauern überflutet, duftend wie Thymian, Myrte, Koriander und die tausend anderen aromatischen Kräuter. Rhodos ist wie eine schöne Frau, die sich zum Empfang ihres Geliebten geschmückt hat.

Sandstrände laden zum Schwimmen. Felsbuchten locken zum Tauchen, im Tal von Petaloudes tanzen Schmetterlingswolken.

Nur der *Atavyros,* der 1200 m hohe Gipfel der Insel, ist kahl. Auf dem 400 m niedrigeren *Profitis Ilias* aber kommt man sich vor wie im Schwarzwald. Elafos und Elafina heißen die beiden Alpenhotels, Hirsch und Hirschkuh, denn seit dem Altertum sind Hirsche auf Rhodos heimisch. Von Kleinasien hat man sie herübergeholt, um der Schlangen Herr zu werden, die nach einer anderen Version der Insel den Namen gaben (phönizisch rod = Schlange). Sie haben Rhodos von der Plage befreit und sind sein Wahrzeichen geworden. Darum bewachen Hirsch und Hirschkuh den Eingang zum Hafen.

Die unter der italienischen Verwaltung (1912–1944) begonnene Wiederaufforstung hat erstaunliche Erfolge gezeitigt. Weite Teile von Rhodos und Kos sind heute wieder bewaldet – welch eine Seltenheit in der Ägäis! Atemberaubende Sonnenuntergänge kann man erleben (wenn man früh aufsteht natürlich auch Sonnenaufgänge) und köstliche Volksfeste, in die der Fremde ganz selbstverständlich einbezogen wird.

Einzigartig aber ist die Geschichte von Rhodos – ein Brennspiegel abend-

ländischen Schicksals. Über sie ist im einzelnen zu berichten. Weit spannt sich der Bogen von der steil aufragenden Akropolis von Lindos zu den byzantinischen Klöstern, die in der Einsamkeit vor sich hinträumen, zur trutzigen Johanniterfestung, zum stillen Friedhof der Murad-Reis-Moschee, in dem türkische Würdenträger unter turbangeschmückten Grabsteinen der Auferstehung harren, zur freundlichen Neustadt mit ihren vielen Hotels.
Keine Insel der Ägäis kann man so bequem erreichen wie Rhodos, auf keiner kann man so bequem wohnen. 33 000 Hotelbetten stehen zur Verfügung, Unterkunft für jeden Geschmack, für jeden Anspruch, für jeden Geldbeutel. International kocht man in den Hotels, griechisch, türkisch, orientalisch, italienisch in den Tavernen.
Seit alters ist das Gastrecht heilig. Zeus, der Göttervater selbst, wachte darüber. Noch heute empfindet der Grieche so. Der Fremde, der Tourist, ist nicht Ausbeutungsobjekt, er ist in erster Linie der Gast. Wenn man auf Rhodos vor einem Haus stehen bleibt, einen Garten bewundert, so geschieht es oft, daß man eingeladen wird einzutreten. Man komme dieser Aufforderung ruhig nach, sie ist ernst gemeint. Selbst wenn man sich nicht verständigen kann – lächeln ist international. Wahrscheinlich werden dann Süßigkeiten angeboten oder Kaffee, und die Herrin des Hauses bricht eine Hibiscusblüte und schenkt sie einem zum Abschied. Evcharistó sagt man dann, danke, ein Wort, das wir kennen, denn das Abendmahl, die Feier der Eucharistie, ist die Dankesmahlzeit.

Insel der Heliaden

Helios und Rhodon hatten sieben Söhne. Vier von ihnen erschlugen einen der Brüder und wurden wegen dieser Mordtat verbannt. Die zwei übrigen bauten auf dem *Philerimosberg* (dem wir noch oft begegnen werden) eine Stadt. Der Ältere, Othimos, wurde König und vermählte sich mit der Nymphe Hegitoria, die ihm eine Tochter gebar: Kydippi. Kydippi heiratete den Bruder des Vaters, wodurch die Herrschaft in der Familie blieb, und schenkte ihrem Onkel und Gemahl Kerkaphos drei Söhne: Lindos, Kamiros und Ialysos. Die Götterenkel, nach dem Großvater Heliaden genannt, teilten die Insel unter sich und gründeten drei Städte, die noch heute ihre Namen tragen.
Hier erzählt der griechische Mythos bereits Geschichte. Nämlich die Geschichte der griechischen Besiedelung von Rhodos. Wir wissen heute, daß die Insel schon im dritten Jahrtausend v. Chr. eine bedeutende Rolle im Ägäishandel spielte, daß um 1700 v. Chr. die Phönizier Rhodos eroberten, Hafenplätze mit geordneter Verwaltung anlegten und – sehr viel wichtiger – bei dieser Gelegenheit dem Abendland die Schriftzeichen schenkten, die noch heute die Grundlage unseres Alphabets bilden.
Nicht umsonst trägt Europa den Namen einer phönizischen Prinzessin, die Zeus raubte und in Gestalt eines Stieres nach Kreta trug. Rhodos ist nur 18 km von Kleinasien entfernt, und diese geopolitische Lage im Schnittpunkt zwischen Orient und Okzident hat die Geschichte der Insel

geprägt und bestimmt sie noch heute. Trotzdem sollte man mit Schlußfolgerungen aus solchen Überlegungen vorsichtig sein.
Kretas große Kultur, sagt man beispielsweise häufig und nicht zu Unrecht, sei entstanden aus dem Mit- und Gegeneinander westlicher und östlicher Einflüsse.
Doch auf Rhodos, das für eine solche Vermischung erst recht prädestiniert gewesen wäre, hat sich eine fruchtbare Auseinandersetzung erst viele Jahrhunderte später vollzogen und zu ganz anderen Ergebnissen geführt. „Die Sterne zwingen nicht, sie machen nur geneigt", sagen die Astrologen, und ebenso ist es mit der Geographie. Selbst die kretisch-minoische Kultur hat merkwürdigerweise keine nach Rhodos ausgestrahlt, während sie blühte – und das waren mehr als tausend Jahre. Erst im Zusammenbruch wurde sie für Rhodos wichtig. Als um 1450 v. Chr. die großen Paläste und Städte Kretas verfielen – warum, wissen wir noch immer nicht ganz genau –, siedelten sich die ersten Minoer auf Rhodos an. Auch das hat der Mythos bewahrt. Althaimenes, heißt es, ein Enkel des Königs Minos, habe Kreta verlassen, weil ein Orakel ihm prophezeite, er werde seinen Vater umbringen. So segelt er nach Rhodos und gründet dort eine kretische Stadt: Kritinia. Doch der Mensch kann seinem Schicksal nicht entrinnen. Krateus sucht seinen Sohn, der hält den alten Mann für einen Räuber und tötet ihn. Rhodische Version der Ödipustragödie.
Kritinia liegt am Fuße des *Atavyros,* des höchsten Berges der Insel. Von seinem Gipfel kann man an klaren Tagen Kreta erkennen. Hier stand ein Heiligtum des Zeus; hier wurde er als Stier verehrt; hier wurden ihm Stiere geopfert, in früher Zeit aber vielleicht auch Menschen, so wie dem Minotauros auf Kreta. Mythos, Sage, Legende, Vergangenheit und Gegenwart verschwimmen auf Rhodos wie der Horizont mit der See.

Zeus entführt Europa nach Kreta (Mosaik aus der Stadt Kos)

Apollontempel auf der Akropolis von Rhodos-Stadt

Insel der Herakliden

Eine andere Erzählung führt uns schon näher an historisch faßbare Sachverhalte. Tlepolemos, ein Sohn des Herakles, habe in seiner Heimatstadt Argos im Jähzorn einen Mord begangen, sei – auf den Rat Delphis – zur Entsühnung nach Rhodos ausgewandert und habe dort die drei Städte gegründet.

Die beiden Geschichten widersprechen einander nur scheinbar. Helios: das ist noch Urzeit, Schöpfung und Ordnung der Erde durch die Götter, ohne deren Kraft nichts entstehen kann. Herakles, der Sohn des Zeus und der Alkmene, dagegen gehört als Halbgott bereits zu jenen Wesen, die zwischen der Götter- und der Menschenwelt vermitteln. Jede Göttergeneration steht für ein Weltzeitalter. Dem entspricht die literarische Form: für die Götter der Mythos, für die Heroen die Sage. Für die Rhodier war die doppelte Abstammung schon deswegen kein Problem, weil sie eine Ehre auf die andere häufte, und Ruhm kann ein Grieche gar nicht genug haben. Tlepolemos sei kurz vor Ausbruch des Trojanischen Krieges nach Rhodos gekommen – also etwa um 1200 v.Chr. Heute nimmt man an, daß schon zweihundert Jahre früher sich Achäer auf Rhodos niederließen und sich durch dauernden Zuzug schließlich der Insel bemächtigten. Das geschah wiederum infolge eines Bruderzwistes in Hellas.

Neue griechische Stämme waren vom Norden her nach Griechenland eingedrungen, hatten ihre Onkel entmachtet, die Unterjocher unterjocht. Die mykenische Kultur ging unter in einem Meer von Blut und Tränen. „Dorische Wanderung“ nennt man das freundlich.

Griechenland versank in Chaos. Doch diejenigen Achäer, die überlebt hatten und als Freie überleben wollten, machten sich vor den Schlagetots

aus dem Staube. Es beginnt die erste griechische Kolonisation, die in Kleinasien und auf den vorgelagerten Inseln durch fortgesetzte Vermischung und Integrierung westlicher und östlicher Elemente schließlich zur Geburt dessen führt, was man als abendländische Kultur bezeichnet. Es tut der Schönheit Helenas keinen Abbruch, wenn man feststellt, daß Homers Epos vom Trojanischen Krieg die symbolhafte Darstellung dieser Auseinandersetzung ist. Die Griechen waren und sind eifersüchtige Bewunderer der Schönheit, so schilderten sie den Kampf um die Vorherrschaft in der Ägäis als den Streit um den Besitz einer begehrenswerten Frau.
Homer berichtet, daß Tlepolemos die Griechen gegen Troja mit einer Flotte von neun Schiffen unterstützt habe. Aus der griechisch-phönizischen Vermählung ging ein Volk kühner Seefahrer hervor, die mit der gesamten bekannten Welt Handel trieben. Auch als um 1000 v. Chr. Dorier den Achäern folgten, übernahmen sie diese Tradition. „Zehn Rhodier, zehn Schiffe" wurde bald ein geflügeltes Wort.
Rhodier gründeten Kolonien an den Küsten Kleinasiens, Spaniens, Italiens, Frankreichs, z. B. Naukratis im Nildelta, Gela in Sizilien, Neapel; möglicherweise hat auch die Rhone von ihnen den Namen. *Lindos,* das den einzigen guten Naturhafen der Insel besitzt, spielte sich schnell in den Vordergrund. Und zu einer Zeit, da Seehandel fast identisch war mit Seeraub (Homer betrachtet ihn keineswegs als Kavaliersdelikt, sondern als ausgesprochen standesgemäße Beschäftigung), kodifizierten die Lindier bereits spezielle Seegesetze. Dieses „Lindische Seerecht" – das älteste, das wir kennen – ist noch heute lebendig. Die Römer haben die Lex Rhodia übernommen, auf dem Umweg über die Byzantiner ist es in unsere Gesetzgebung eingegangen. Die Seefahrt brachte der Insel den Reichtum. Die Rhodier – Enkel des Helios, Urenkel des Zeus – fanden es ganz natürlich, daß die Götter ihren Eifer so belohnten.
Echt griechisch führten die drei Städte, die drei Stadtstaaten, ihr Eigenleben in Souveränität und Wettstreit. Lindos hatte die größte Bedeutung. Um 550 v. Chr. machte sich dort Kleobulos zum Alleinherrscher, einer der Sieben Weisen des Altertums. Ein Tyrann als Weltweiser? Die üble Bedeutung des Wortes stammt aus späterer Zeit. Damals bezeichnete sie einfach die Regierungsform. Kleobulos war mit dem berühmten Gesetzgeber Solon von Athen befreundet, auch er ein Alleinherrscher und Weltweiser, und überhaupt verbinden sich mit den Namen einiger Tyrannen bedeutende Kulturleistungen: Peisistratos (Athen), Polykrates (Samos), Gelon (Sizilien); auch Perikles gehört eigentlich in diese Reihe.
Auf einem der Kaps, die den Hafen von Lindos einrahmen, steht ein monumentaler Rundbau, den die Fremdenführer gern als „Grab des Kleobulos" ausgeben. Das stimmt zwar nicht – wahrscheinlich wurde um 100 v. Chr. ein reicher Reeder dort begraben –, zeigt aber doch, wie sehr Kleobulos Lindos geprägt hat. „Nichts im Übermaß!" – das ist eine der Weisheiten, die ihm zugeschrieben werden. Die Griechen sind sehr stolz auf dieses Wort, haben es aber – unmäßig wie kaum ein anderes Volk – fast nie beherzigt. Man redet immer von dem, was man nicht hat.

Rhodos und der Koloß von Rhodos

Es ist die Frage, ob der Starke immer am mächtigsten allein ist. Die Rhodier – kühne Seeleute und kühle Rechner – waren nicht dieser Ansicht. Gegen die griechischen Großreiche im Westen und die kleinasiatischen im Osten konnten sie sowieso nicht allein bestehen. So kalkulierten sie das Risiko und schlugen sich auf die Seite des mutmaßlichen Gewinners. Sie betrieben also eine Schaukelpolitik, nämlich eine, die sich nüchtern an den realen Gegebenheiten orientiert. Ein Blick auf die Karte zeigt, daß sie gar keine andere Möglichkeit hatten.

In den Perserkriegen standen sie auf seiten der Perser. Übrigens nicht sie allein. Es ist ja eine Schulbuchvorstellung, daß *die* Griechen gegen die Perser gekämpft hätten. Zeitweise fochten auf der „persischen" Seite mehr Griechen als auf der „griechischen". Nach der persischen Niederlage trat Rhodos dem Attischen Seebund bei, gelangte zu seiner eigentlichen Blüte aber erst, als die Macht Athens im Peloponnesischen Krieg (431–404) dahinschwand und schließlich zusammenbrach. 411 trennten sich die Rhodier von Athen und kamen gleichzeitig zu der Einsicht, daß die Zeit der kleinen Stadtstaaten vorüber war. Sie sprangen über ihren Schatten und beschlossen, an der Nordostspitze der Insel eine gemeinsame Hauptstadt zu bauen. Diese revolutionäre Entscheidung bedeutete nicht nur die Selbstaufgabe der drei ruhmreichen Städte, sie brachte vor allem einen entschiedenen Bruch mit der Tradition. (Etwa fünfzig Jahre später folgte man in Kos ihrem Beispiel.)

Die griechische Kultur der klassischen Zeit ist eine Poliskultur, eine Kleinstadtkultur. Der exzessive Partikularismus, der eine nationale Einigung Griechenlands bis zum vorigen Jahrhundert verhindert hat, ist zugleich Ursache und Folge der Vorstellung, daß man ein menschenwürdiges Leben eigentlich nur in der Polis, der geordneten, der überschaubaren, also kleinen Stadt führen könne. Die Großstädte Kleinasiens empfanden die Griechen als barbarisch und beängstigend. Und wenn die Polis die wachsende Bevölkerung nicht mehr aufnehmen konnte, so gründeten sie lieber eine Tochterstadt, als die eigene Polis allzusehr zu erweitern.

Wieviel Mut brauchte es, jetzt eine Stadt für 100000 Einwohner (die heutige hat 42000) auf dem Reißbrett zu planen und in kürzester Zeit aus dem Boden zu stampfen.

Rational wie der Plan war der Grundriß der neuen Stadt: ein System geradliniger, sich rechtwinkelig kreuzender Straßen, die in Nord-Süd- bzw. Ost-West-Richtung liefen und so ein Schachbrettmuster ergaben. Dieses Prinzip (nach seinem Erfinder Hippodamos von Milet benannt) wurde dann für die meisten hellenistischen Städte verbindlich und stand auch Pate bei unzähligen Stadtgründungen bis in unsere Zeit. Erst der Autoverkehr hat grundsätzlich andere Straßenführungen erzwungen. Die Straßenzüge sind noch deutlich zu erkennen, von der antiken Stadt dagegen ist bejammernswert wenig übriggeblieben. Die antiken Schriftsteller waren sich in der Bewunderung von Rhodos einig.

Der Geograph Strabon z.B. schreibt: „Die Stadt Rhodos liegt auf der öst-

Der Koloß von Rhodos, Phantasiezeichnung von Fischer von Erlach (17. Jh.)

lichen Spitze der Insel und unterscheidet sich durch ihre Häfen, durch ihre Straßen und Mauern und die sonstigen Anlagen derart von den übrigen, daß wir keine Stadt nennen können, die ihr auch nur ähnlich wäre, geschweige denn überlegen. Bewundernswert ist aber auch die Ausgeglichenheit und Gerechtigkeit der Staatsverfassung und die Sorgfalt der Staatsführung in allen Dingen, besonders aber im Seewesen, weswegen die Stadt für lange Zeit die Seeherrschaft innehatte, das Piratenunwesen vernichten und mit den Römern und den rom- und griechenfreundlichen Königen Freundschaft schließen konnte. Darum blieb sie auch selbständig und wurde mit zahlreichen Weihegaben ausgeschmückt, die sich größtenteils im Dionysosheiligtum und im Gymnasion befinden, einige auch anderswo. Etwas ganz Hervorragendes ist die Kolossalstatue des Sonnengottes, von der eine jambische Inschrift sagt: ‚Der Lindier Chares schuf mich, siebzig Ellen hoch.' Heute liegt der Koloß am Boden, von einem Erdbeben in Kniehöhe umgebrochen. Gemäß einem Orakelspruch hat man ihn nicht wieder aufgerichtet."

Der Koloß von Rhodos war eines der Sieben Weltwunder, das, von dem wir am wenigsten wissen, das mit der apartesten Vorgeschichte.

Ziemlich genau 100 Jahre hatte es Rhodos fertiggebracht, durch eine geschickte Politik aus den wechselnden politischen Konstellationen Nutzen zu ziehen. Selbst Alexander der Große hatte es durch die Gründung des Konkurrenzhafens Alexandria nicht in die Knie zwingen können. (Übrigens war Alexanders fähigster Gegner im Perserkrieg der Rhodier Memnon.) Doch als sich nach dem Tode Alexanders (323 v. Chr.) seine Feldherren um die Teilung des Riesenreiches stritten, geriet auch Rhodos in den Strudel der Diadochenkriege.

Dem einäugigen Antigonos war es nach wechselvollen Kämpfen gelungen, einen erheblichen Teil des Reiches wieder in seiner Hand zu vereinen. Sein bester Feldherr war sein eigener Sohn Demetrios mit dem furchteinflößenden Beinamen Poliorketes, Städtezertrümmerer. Nachdem Vater und Sohn 306 bei Salamis einen glänzenden Sieg über die Flotte des Ptolemäus errungen hatten, wollten sie auch Ägypten erobern und forderten von Rhodos Unterstützung.

Die Rhodier, wie immer auf Neutralität bedacht, lehnten ab, mußten ablehnen, weil der Handel mit Alexandria und dem Ptolemäerreich für sie lebenswichtig war. Antigonos wollte sich dieses Aufmucken nicht gefallen lassen und sandte seinen Sohn, Rhodos zur Raison zu bringen.

305 erschien Demetrios mit einer Flotte von 400 Schiffen und etwa 50 000 Mann. Rhodos selbst hatte zu dieser Zeit etwa 6000 wehrfähige Bürger. Trotzdem war seine Lage nicht verzweifelt. Ägypten und Kreta schickten Hilfskontingente, und den Sklaven versprach man die Freiheit, wenn sie tapfer kämpfen würden. So konnten die Rhodier Demetrios ca. 25 000 Soldaten entgegenstellen.

Die mächtigen Bastionen waren nicht leicht zu nehmen, und von der Flotte durfte man hoffen, daß sie eine Blockade verhindern würde. So sahen die Rhodier der Belagerung zwar nicht gerade ruhigen Herzens entgegen, brauchten aber auch nicht gleich zu kapitulieren. Andererseits

hatte Demetrios furchtbare, zum Teil von ihm selbst erfundene Belagerungsmaschinen mitgebracht, einige von ihnen gleich auf seine riesigen Schiffe montiert. Mit ihnen wollte er die Entscheidung erzwingen.
Trotz größter Anstrengung gelang es ihm aber nicht, den Hafen zu erobern, auf dessen Besitz er allein schon aus Versorgungsgründen angewiesen war. Das Wetter kam den Rhodiern zu Hilfe, Stürme richteten schwere Schäden unter den Schiffen des Demetrios an, und die rhodische Flotte hielt die Seewege frei.
Da änderte Demetrios seine Taktik. Er ließ eine einzigartige Belagerungsmaschine bauen, die selbst schon Weltwunderformat hatte: den Helepolis. Das war ein 50 m hoher und 25 m breiter quadratischer Turm auf Rädern. Seine neun Stockwerke enthielten eine Unzahl von Katapulten, Rammböcken und Ausfallbrücken; er überragte die Stadtmauern, und Demetrios war entsprechend zuversichtlich. Fast dreieinhalbtausend Mann waren nötig, den Koloß in Bewegung zu setzen. Dann aber rollte er furchterregend auf die Mauer zu und schlug sofort eine große Bresche. Doch die Rhodier gaben nicht auf, sondern kämpften erbittert weiter, bis die Nacht hereinbrach. Der Helepolis war von oben bis unten mit Tierfellen und Geflecht gepanzert, wurde aber doch so stark beschädigt, daß Demetrios wutschnaubend den Befehl geben mußte, ihn zurückzuziehen und auszubessern. Die Belagerten gewannen eine Ruhepause. Der entscheidende Angriff aber stand erst bevor. Beim zweiten Mal brachen die Belagerer tatsächlich in die Stadt ein, und auch die wütende Gegenwehr der Rhodier hätte das Schicksal nicht mehr lange aufhalten können, wenn nicht der kluge Stadtbaumeister Diognetos die Kloaken der Stadt in den Weg des Helepolis geleitet hätte. Der Städtezertrümmerer versank auf blamable Weise im Dreck und versperrte zugleich der Hauptmacht den Weg. Die blutige Tragikomödie wurde durch einen Deus ex machina beendet, nämlich durch Antigonos selbst, der seinem Sohn schrieb, er solle so schnell wie möglich zurückkommen, weil er ihn und sein Heer anderweitig benötigte.
Beide Seiten konnten sich nichts Besseres wünschen. Dem Demetrios war die Eroberung bisher mißlungen; die Rhodier hingegen wußten nicht, wie lange sie neuen Angriffen noch würden widerstehen können. Beide wahrten ihr Gesicht und schlossen schnell eine Allianz gegen die Feinde des Antigonos, ausgenommen die Ptolemäer. Die Unbesiegten schüttelten sich voller Hochachtung die Hand, und Demetrios schenkte den Rhodiern sein ganzes Kriegsmaterial. Man beschloß, es zu verkaufen und mit dem Erlös zur Erinnerung an die denkwürdige Belagerung eine Riesenstatue des Sonnengottes zu errichten, des Schutzherrn der Insel. 300 Talente erbrachte der Verkauf, das sind rund eineinhalb Millionen Mark.
Man nimmt an, daß der Auftrag an den Bildhauer Chares aus Lindos ging, von dem man aber nicht sehr viel mehr weiß, als daß er ein Schüler des großen Lysippos gewesen sein soll. Hübsch ist die Überlieferung, daß man den Chares zunächst um einen Entwurf und einen Kostenvoranschlag für eine Statue mittlerer Größe gebeten habe und ihn dann aufforderte, für den doppelten Preis ein Standbild doppelter Größe zu liefern.

Chares soll zwölf Jahre an dem Koloß gearbeitet haben, der also um 290 v. Chr. fertiggestellt war, aber bereits im Jahre 227 v. Chr. bei einem verheerenden Erdbeben zusammenstürzte.
Man weiß also: den Anlaß der Stiftung, die ungefähre Datierung und die Größe der Statue (gute 30 m). Man weiß nicht; wie es möglich war, ein erzenes Standbild solcher Größe herzustellen; wo es stand; wie es aussah und warum es nicht wieder aufgerichtet wurde.
Technisch war es auf jeden Fall eine Meisterleistung. Man nimmt an, daß es aus „kleinen" Einzelstücken zusammengesetzt war, die hinterher verlötet wurden, daß man die Statue mit Hilfe gewaltiger Erdaufschüttungen schichtweise hochzog. Innen war sie hohl, vielleicht sogar begehbar, ihr Kopf soll ein Fassungsvermögen für 22 Fuder Weizen gehabt haben. Die Statue war innen durch Eisenklammern versteift und durch gewaltige Felsbrocken stabilisiert.
Die Weihinschrift lautete: „Bis zum Olympos empor, o Helios, türmte dir preisend Rhodos' dorisches Volk diesen Koloß hier aus Erz, als es endlich die Wogen des grimmigen Krieges beschwichtigt und das heimische Land prächtig mit Beute geschmückt. Fest auf der Erde erbaute es ihn und hoch überm Meere, daß er ein herrliches Licht fronloser Freiheit ihm sei. Ist es das Recht doch der Männer vom Blute des Herakles, daß sie herrschen zu Lande und Meer, wie es die Väter getan."
Die Vorstellung, daß der Koloß mit gespreizten Beinen über der Hafeneinfahrt gestanden habe, entstammt der barocken Phantasie des Fischer von Erlach. Gegen diese Theorie spricht technisch, archäologisch und psychologisch so ziemlich alles. Die statischen Probleme hätten sich vervielfacht; die Trümmer hätten notwendig die Hafeneinfahrt behindern müssen, wofür es aber keinen Hinweis gibt, außerdem wurde kein Stück je gefunden; und schließlich ist es sehr unwahrscheinlich, daß man ein Weihegeschenk als Leuchtturm profaniert hätte. Doch ist eine späte Folge dieser Leuchtturmidee die Freiheitsstatue in New York. Am wahrscheinlichsten ist, daß der Koloß vor dem Heliostempel stand.
Auch die letzte Frage wird ungeklärt bleiben. Nach dem großen Erdbeben, das Statue und Stadt zerstörte, wurde eine weltweite Hilfsaktion für Rhodos gestartet. Die Stadt erhob sich wie der Phönix aus der Asche, die Statue aber wurde nicht wieder errichtet, weil Delphi davon abgeraten hatte. Häßliche Stimmen munkelten, die Rhodier hätten sich des Orakels bedient, weil sie das Geld anders verwenden wollten; eine freundlichere (und wohl richtigere) Meinung ist, daß man das Erdbeben als Zeichen der Götter nahm, die man nicht noch einmal durch Hybris erzürnen wollte.
Noch die Trümmer erregten das Staunen der Nachwelt. „Nur wenige können seinen Daumen umfassen; die Finger sind größer als sonst ganze Statuen. Weite Höhlungen gähnen in den abgebrochenen Gliedern." (Plinius)
So lagen die Bruchstücke des Sonnengottes neunhundert Jahre, bis sie 653 n. Chr. von dem arabischen Feldherrn Muawija an einen Altwarenhändler verkauft wurden, der sie auf neunhundert Kamelen wegschleppte, was aber auf gut orientalisch wohl nicht mehr bedeutet als: sehr viel.

Insel der Künstler

Es gibt kaum ein einzelnes Kunstwerk, das die Geistesgeschichte Europas so nachhaltig beeinflußt hat wie die *Laokoongruppe.* 1506 wurde sie in Rom gefunden – gerade zur rechten Zeit. Die Entdeckung war eine Sensation ersten Ranges und fiel wie ein Zündfunke ins Pulverfaß der Renaissance. Hier war Wirklichkeit, wovon ein Michelangelo noch träumte: der menschliche Körper in höchster Erregung dargestellt und zugleich durch den Zauber der Form gebändigt.

Gute 200 Jahre später gingen einem sächsischen Schulmeister namens Johann Joachim Winckelmann vor der Laokoongruppe die Augen auf und er verfaßte spornstreichs seine „Gedanken über die Nachahmung griechi-

Laokoongruppe, 1. Jh. v. Chr. (Vatikan-Museum, Rom)

scher Werke", in denen der berühmte Satz von der „Edlen Einfalt und stillen Größe" der griechischen Kunst zum ersten Mal formuliert ist. Die kleine Schrift hatte unabsehbare Folgen. Sie wurde zum Evangelium der deutschen Klassik; ohne sie ist Goethes „Iphigenie" nicht zu denken; ohne sie hätte Humboldt das humanistische Gymnasium vielleicht gar nicht erfunden; ohne sie gäbe es nicht so viele Studienreisen nach Hellas.
Dieses Hauptwerk der abendländischen Kunstgeschichte – geschaffen im ersten vorchristlichen Jahrhundert von Hagesandros, Polydoros und Athanodoros – stammt aus Rhodos. Und das ist keineswegs ein Zufall. Eine der großen Attraktionen des Louvre ist die *Nike von Samothrake* – auch sie ein rhodisches Werk, ebenso wie der *Farnesische Stier* im Museum von Neapel.
Als Cassius im Jahre 42 n.Chr. Rhodos plünderte, schleppte er nicht weniger als dreitausend Statuen nach Rom – der wahrscheinlich gigantischste Kunstraub der Geschichte. Anschließend zündete er die Stadt an. Politisch hat sich Rhodos von dieser Zerstörung nie wieder erholt; doch ein einziges Kunstwerk aus der rhodischen Bildhauerschule, eben die Laokoongruppe, hat eineinhalb Jahrtausende später einen wesentlich nachhaltigeren Sieg davongetragen – Triumph des Geistes über die Macht.
Von den Phöniziern hatten die Rhodier die Seefahrt gelernt, von den Minoern die Kunstfertigkeit. Die erstaunliche Geburt der Athene aus dem Haupte des Zeus soll in Lindos stattgefunden haben, und der Name der Göttin, welche die Künstler beschützt, weist auf kretischen Ursprung. Beide Traditionen haben die Enkel treu bewahrt, und ihr Zusammenhang gibt der rhodischen Kunst ihr eigentliches Gepräge. Die Schiffe transportierten ja nicht nur Güter in alle Welt, sie brachten auch Ideen aus aller Welt nach Hause. So hat die rhodische Kunst von Anfang an etwas International-Weltläufiges. Fremde Anregungen nimmt sie mühelos auf, verarbeitet sie, gibt sie weiter. Das Museum von Rhodos birgt eine Fülle von Beispielen für die glückliche Vermischung westlicher und östlicher Elemente.
Die Meisterschaft der rhodischen Bildhauer im Bronzeguß wurde durch die Statue des Helios unübersehbar demonstriert. Wie groß ihr Ansehen in der Gesellschaft war, zeigt eine Anekdote, die ebenfalls mit jener Belagerung zusammenhängt, als deren einzig sinnvolles Ergebnis der Sonnenkoloß entstand. Während die Truppen des Demetrios wütend die Stadtmauern berannten und von den Rhodiern nur mit äußerster Mühe zurückgeschlagen werden konnten, saß Protogenes in seinem (außerhalb der Wälle gelegenen) Haus und malte an einem Bild, das den Ialysos als Jäger darstellte. Sieben Jahre arbeitete er schon an dem Gemälde und ließ sich durch die Belagerung nicht aus dem Konzept bringen. Die Rhodier hingegen hatten Angst um das Schicksal des Künstlers und seines Werks und schickten eine Gesandtschaft zu Demetrios, er möge für die Sicherheit des Protogenes garantieren. Demetrios ließ Protogenes zu sich bitten und fragte ihn, wie er in einer solchen Situation ruhig an seinem Bild weitermalen könne. Die beiden erwiesen sich als einander würdig. „Ich weiß, daß du Kriege gegen Völker, aber nicht gegen Künstler führst", sagte Pro-

Akropolis von Lindos

togenes, und Demetrios antwortete: „Eher würde ich die Bilder meines eigenen Vaters verbrennen, als ein solches Kunstwerk vernichten." Und stellte dem Protogenes eine Leibwache.
Die beiden letzten vorchristlichen Jahrhunderte brachten die Blüte der rhodischen Bildhauerschule. Der rhodische Stil – in seiner Internationalität prädestiniert für das kosmopolitische Zeitalter des Hellenismus – wird tonangebend, und man hat errechnet, daß mehr als ein Dutzend Werkstätten nebeneinander gearbeitet haben.
Daß kulturelle Ausstrahlung etwas mit politischer Macht zu tun habe, wird oft behauptet; man verweist dabei gern auf Rom unter Augustus, England unter Elisabeth, Frankreich unter dem Sonnenkönig. Rhodos ist eines der großen Gegenbeispiele (die deutsche Klassik ein anderes).

Für das außerordentliche Ansehen, das Rhodos in der antiken Welt genoß, spricht schon die allgemeine Anteilnahme und Hilfsbereitschaft beim Erdbeben von 227 v.Chr. Gerade im nächsten Jahrhundert aber, als die Insel ihre Neutralitätspolitik nicht mehr durchhalten kann und zum Satelliten Roms wird, gewinnt sie im geistigen Bereich Weltrang. Die Sieger erliegen der Kultur der Besiegten, griechische Philosophen unterrichten die Söhne des römischen Adels und werden so die Lehrer Europas. Einer der bedeutendsten Denker dieser Zeit ist der aus Lindos stammende, aber in Rom lehrende Stoiker Panaitios (190 bis 110 v.Chr.), ein Freund des jüngeren Scipio, des Siegers über Karthago. Sein Schüler Poseidonios (135–51 v.Chr.) gründet in Rhodos eine Art Universität, deren Ruhm so legendär ist, daß es für die feinen römischen Familien bald zum guten Ton gehört, die Söhne nach Rhodos zu schicken.

Welche Bedeutung diese Schule für Europa gehabt hat, zeigen ein paar Namen. Cicero hat hier Rhetorik studiert und Cäsar, der auf der Reise Piraten in die Hände fiel und teuer freigekauft werden mußte. Sein Freund und Mörder Brutus; Pompejus, von dem berichtet wird, er habe jedem Philosophen eine Ehrengabe von einem Talent überreicht, eine sehr hohe Summe. Der Dichter Lucrez, der Kaiser Tiberius. Doch daß die Schulung der Intelligenz allein nicht ausreicht, bewies vor allem Cassius, der all seine Jugenderinnerungen an Rhodos vergaß und die Weisheiten seines Lehrers Archelaos mißachtete, als er Rhodos eroberte, plünderte und zerstörte.

Auf der Akropolis von Rhodos ist ein (restauriertes) Amphitheater mit 800 Plätzen – ohne Bühne. Es war gar kein Theater, sondern ein Odeion, ein Hörsaal im Freien.

Dicht daneben liegt das Stadion. Erziehung war immer körperliche und geistige Ertüchtigung zugleich. Das „Sit mens sana in corpore sano" – es sei ein gesunder Geist in einem gesunden Körper – haben die Römer von den Griechen übernommen.

Fast alles, was wir von den Mythen und Sagen von Rhodos wissen, stammt aus einer Siegeshymne für einen Sportler, für Diagoras aus Ialysos, der bei den 79. Olympischen Spielen im Boxkampf für Rhodos siegte. Der größte Dichter der Zeit, Pindar, ehrte den größten Athleten der Zeit mit seinem Gesang. Denn der war nicht nur ein Muskelprotz. Im 5. Jahrhundert v.Chr. waren die Olympischen Spiele noch viel mehr eine religiöse als eine sportliche Angelegenheit. Wer hier den Ölzweig errang, dem war die höchste Ehre eines Sterblichen zuteil geworden. Zeus selbst hatte ihm ja den Sieg verliehen! Diagoras aber hatte nicht nur in Olympia gesiegt, sondern in sämtlichen gesamthellenischen Wettkämpfen. Doch damit nicht genug: Auch seine Söhne wurden Olympiasieger. Als sie den Vater durch das Stadion trugen, raste das Volk und rief ihm zu: „Stirb, Diagoras, den Himmel kannst du nicht ersteigen!"

Diagoras starb zwar nicht sofort in diesem herrlichsten Augenblick seines Lebens, doch bald danach, und er wird im Jenseits mit Befriedigung vernommen haben, daß auch noch seine Enkel die Familientradition fortsetzten.

Johanniterkirche auf dem Philerimosberg

Insel der Ritter

„Herrlich kleidet sie euch, des Kreuzes furchtbare Rüstung,
wenn ihr, Löwen der Schlacht, Akkon und Rhodos beschützt,
durch die syrische Wüste den bangen Pilgrim begleitet
und mit der Cherubim
Schwert steht vor dem heiligen Grab.
Aber ein schönerer Schmuck
umgibt euch: die Schürze des Wärters,
wenn ihr, Löwen der Schlacht, Söhne des edelsten Stammes,
dient an des Kranken Bett, dem Lechzenden Labung bereitet
und die niedrige Pflicht christlicher Milde vollbringt.
Religion des Kreuzes, nur du verknüpfst in einem Kranz
der Demut und Kraft: doppelte Palme zugleich!"

Schiller „Die Johanniter"

Das ist, wiewohl von Schiller, doch eine etwas romantische Vorstellung. Wir sind ja überhaupt leicht geneigt, die Vergangenheit in einem allzu rosigen Licht zu sehen – zumindest die Seite, der unsere Sympathie gehört. Die andere ist natürlich rabenschwarz.

Eine solche Betrachtungsweise ist nicht nur falsch, ungerecht und unfair, sie ist auch dumm, denn sie raubt uns die Möglichkeit, Geschichte als das zu erleben, was sie ist: das große Archiv aller menschlichen Möglichkeiten. Geschichte ist spannend, Propaganda ist bestenfalls wirkungsvoll.

Noch heute, tausend Jahre danach, ist es schwierig, nüchtern über die Kreuzzüge zu sprechen; begreiflicherweise, denn sie sind ja der Inbegriff von Ideologie. Man kann aber nicht sinnvoll über die Johanniter reden, wenn man nicht vorerst über die Kreuzzüge redet, die sie schließlich geprägt haben.

Die Kreuzzüge – das weiß jedes Kind – wurden geführt, um die heiligen Stätten von den Mohammedanern zu befreien. „An ihrem Ende befand sich die gesamte östliche Christenheit unter muselmanischer Herrschaft. Als Papst Urban zu Clermont seine große Predigt hielt, schienen die Türken im Begriff, den Bosporus zu bedrohen. Als Papst Pius II. den letzten Kreuzzug predigte, überquerten die Türken die Donau. Rhodos fiel im Jahre 1523, und Zypern, durch seine Kriege mit Ägypten und Genua ruiniert und schließlich von Venedig annektiert, ging 1570 in türkische Hände über. Damit waren die letzten Früchte der Kreuzzugsbewegung dahin." (Runciman)

Die Kreuzzüge waren politisch und militärisch der größte Fehlschlag der an Fehlschlägen nicht gerade armen abendländischen Geschichte. Das sagt natürlich gar nichts aus über die Begeisterung, mit der die Kreuzfahrer in den Heiligen Krieg zogen. Sicher waren viele von ihnen redlichen Herzens, voll von dem Wunsch, eine gute und notwendige Tat zu tun. Ebenso sicher schlossen sich ihnen viele Abenteurer an, ebenso sicher hatten ihre Anführer nicht nur fromme Gefühle, sondern auch recht handfeste Eroberungsgelüste.

Die Kreuzzüge sind ein unwahrscheinliches Geflecht aus Glaube und Gier, aus Frömmigkeit und Taktik, aus Idealismus und Barbarei, und die Gründe für ihr Scheitern lassen sich auf den einfachen Nenner bringen: Naivität, Selbstüberschätzung, Arroganz und Unduldsamkeit.

Es ist hier nicht der Ort, diese ganze ergreifende Geschichte zu erzählen. Wer will, kann sie in Runcimans großem Werk nachlesen. Ein paar Stichworte müssen uns genügen, um zu zeigen, wie kompliziert die Angelegenheit ist. Jahrhundertelang waren christliche Wallfahrer aus aller Welt ungehindert nach Jerusalem gepilgert, das ja nicht nur den Christen, sondern auch den Juden und Moslems als Heilige Stadt gilt. Um die Mitte des 11. Jahrhunderts, als die Kreuzzugsidee zu keimen begann, waren die Beziehungen zwischen den Religionen sogar ausgesprochen angenehm. Die islamischen Behörden verhielten sich tolerant; der Kaiser von Byzanz wachte über die christlichen Interessen; die Pilger kamen und brachten außer ihrem Glauben auch ihr Geld; der Handel blühte; alle Teile waren zufrieden.

Schwierigkeiten zu Ende des Jahrhunderts waren also weniger Anlaß als Vorwand. Der eigentliche Grund für die Kreuzzugsstimmung war die militante Reformbewegung von Cluny, die den Papst nicht nur als geistlichen, sondern auch als weltlichen Herrscher über den Erdkreis ansah, und die Abenteuerlust, die sich der europäischen Ritterschaft nach der Überwindung der Weltuntergangsstimmung des Jahres 1000 bemächtigt hatte.

Der erste Kreuzzug, von Papst Urban II. 1095 proklamiert, verlief so wenig glanzvoll, daß man ihn gleich gar nicht zählt. Sein wesentlichstes Ergebnis war die Ermordung der Juden von Speyer, Mainz, Köln und Prag.

So bezeichnet man als „ersten" Kreuzzug den einzigen, der wirklich erfolgreich war und 1099 zur Eroberung von Jerusalem führte. Die 1300 christlichen Ritter und ihr 12000 Mann starkes Fußvolk erschlugen dabei alle Mohammedaner, alle Juden und nicht wenige Christen, nämlich so ziemlich alles, was ihnen überhaupt in den Weg kam. Insgesamt 70000 Menschen. In den Gassen, die zum Tempel führten, stand das Blut kniehoch. Anschließend knieten sie nieder, „weinend in unmäßiger Freude", um Gott für ihren Sieg zu danken. Man sollte diese Schilderung nicht ganz vergessen, wenn später von den Greueln der Türken bei der Einnahme von Rhodos die Rede ist.

Der zweite Kreuzzug (1147/49) brachte so wenig Erfolge wie der nullte; der dritte (1189/92), veranlaßt durch die Eroberung Jerusalems durch Sultan Saladin, führte wenigstens zur Einnahme Akkons. Der vierte Kreuzzug (1201/04) richtete sich gar nicht gegen die Moslems, sondern – auf Betreiben Venedigs – gegen die Hauptstadt des östlichen Christentums, Konstantinopel. Und wieder heißt es: „Sie hausten ärger als Hunnen, Türken, Bulgaren oder irgendwelche anderen Barbaren. Nichts war ihnen heilig, weder Kirchen noch Häuser, noch Weib und Kind blieben verschont."

Einen Teil der Beute, z.B. die berühmte Quadriga, kann man noch heute am Markusdom zu Venedig bewundern.

Ein besonders betrübliches Kapitel ist der „Kinderkreuzzug" von 1212, in dem Tausende von Kindern über die Alpen zogen, um das Heilige Land zu erretten. Teils kamen sie in Italien um, teils wurden sie von Reedern aus Marseille als Sklaven nach Afrika verkauft.

Der fünfte Kreuzzug war wieder effektiver. Er wurde (1228/29) von Friedrich II. unternommen – um seine Stellung gegenüber dem Papst zu stärken. Der gebannte Kaiser gewann durch friedlichen Vertrag Jerusalem, das aber schon 1244 wieder an die Ägypter fiel.

Der sechste und siebente Kreuzzug schließlich (1248/54 bzw. 1270) – beide unter Führung Ludwigs IX. von Frankreich, des Heiligen – brachte das endgültige Scheitern.

Soviel zum Hintergrund der Geschichte.

Der Johanniterorden geht auf die Zeit vor den Kreuzzügen zurück. 1070 gründeten Bürger der Stadt Amalfi mit Zustimmung der ägyptischen Behörden in Jerusalem ein Hospital zur Pflege kranker Pilger. Die Einrichtung trug den Namen des heiligen Patriarchen Johannes des Barmherzi-

Eingang zum Großmeisterpalast

gen. Ihre Mitglieder legten die Mönchsgelübde ab und schlossen sich dem Benediktinerorden an.

So lebte man friedlich zusammen, bis die Kreuzritter erschienen. Da verbannte der Stadtkommandant die Brüder aus Jerusalem, die sich daraufhin dem Eroberungsheer anschlossen. Der damalige Ordensmeister Gerhard scheint den Rittern wertvolle Ratschläge gegeben zu haben; jedenfalls wurde die Bruderschaft von den Franken mit reichen Stiftungen ausgestattet und 1113 von Papst Paschalis II. zum selbständigen Orden erhoben, der den Namen Hospitaliter trug und dem päpstlichen Stuhl direkt unterstellt war. Etwa in die gleiche Zeit fällt die Gründung des Ordens der Tempelritter. Die Hospitaliter übernahmen die in der kämpferischen Stimmung der Zeit liegende Zielsetzung der Templer und fanden, daß es nicht genüge, nur die Kranken zu pflegen, sondern daß man auch aktiv zum Schutze der Pilger etwas tun müsse – was vor den Kreuzzügen gar nicht notwendig gewesen war.

Die Hospitaliter erwählten Johannes den Täufer zu ihrem Schutzherrn. Gleichzeitig entwickelten sie eine straffe Organisation: 500 bewaffnete Ritter bildeten die eigentliche Streitmacht. Voraussetzung zur Aufnahme in den Orden war der Nachweis adeliger Geburt über mindestens vier Generationen, für die Deutschen sogar über acht Generationen – bei den Bibliotheksverhältnissen der damaligen Zeit keine einfache Sache. Die Ritter wählten aus ihren Reihen den Großmeister als Inhaber der höchsten disziplinären, militärischen und politischen Gewalt, der über Krieg und Frieden zu entscheiden hatte und dem Papst direkt verantwortlich war. An zweiter Stelle standen die Kapläne, an dritter Stelle die „dienenden Ritter", die von „achtbarer Geburt" sein mußten und sich die Sporen als Schildknappen zu verdienen hatten. Ihnen oblag nach wie vor in Gemeinschaft mit den Ärzten und den Brüdern des Ordens die Krankenpflege. Dazu natürlich ein großer Anhang aus Pflegern, Laienbrüdern, Söldnern, Dienstleuten jeder Sorte.

Nach dem Verlust des Heiligen Landes wurden die Ritterorden arbeitslos. Die Deutschherren konzentrierten sich auf ihre Besitzungen im Baltikum und auf die Eroberung Polens, doch setzte die Schlacht von Tannenberg (1410) diesen Bemühungen ein Ende.

Die Templer und die Hospitaliter zogen sich nach Zypern zurück, wo man ihnen etwas widerwillig Asyl gewährte, und wußten nicht, was sie tun sollten. Ihr legendärer Reichtum hatte längst allgemeinen Neid erregt und mußte unbedingt durch kriegerische Erfolge legitimiert werden. Tatsächlich wurde zwischen Papst Clemens und Philipp dem Schönen von Frankreich ein neuer Kreuzzug vereinbart, von dem sich aber bald herausstellen sollte, daß er weniger dem Heiligen Land galt als dem Vermögen der Tempelritter. 1307 ließ Philipp der Schöne alle Templer in seinem Machtbereich verhaften und unter Anklage der Ketzerei vor Gericht stellen. Der Papst forderte die übrigen Fürsten auf, dem Beispiel zu folgen. Bestochene Zeugen und die Folter taten das ihrige, der Orden wurde verboten, sein Besitz eingezogen, der Großmeister 1314 in Paris auf dem Scheiterhaufen verbrannt.

Damals war Rhodos theoretisch noch Teil des Byzantinischen Reiches, praktisch aber herrschten dort die Piraten. Im Einvernehmen mit dem Genueser Vignole dei Vignoli betrieben sie einen Kaperkrieg gegen Araber, Türken, Venezianer und überhaupt alles, was sich in der östlichen Ägäis sehen ließ. Vignoli hatte vom byzantinischen Kaiser Andronikos die Inseln Kos und Leros zur Pacht erhalten, sah sich in seinem Geschäft aber zunehmend durch die Türken einerseits und die von Zypern aus operierenden Johanniter andererseits beeinträchtigt. Warum sich gegenseitig stören, fragte Vignoli und entwickelte dem Großmeister der Johanniter Fulk de Villaret einen genialen Plan; nämlich gemeinsam Rhodos und die Dodekanesinseln zu erobern und die Beute zu teilen. Vignoli wollte sich mit einem Drittel begnügen.

So verschieden der Ausgangspunkt, so gemeinsam die Interessen. Der strategische Wert der Insel, die wie eine Speerspitze gegen Kleinasien gerichtet ist, lag offen zutage. Zugleich aber wies Rhodos auch nach Konstantinopel, dem ewigen Ziel westlicher Eroberungslust. Vignoli stellte die Besetzung von Rhodos als Kleinigkeit hin. Während er die Vorbereitungen leitete, segelte Fulk nach Europa, um die päpstliche Zustimmung zu erlangen. Natürlich bekam er sie. Auch der Papst traf ja zwei Fliegen mit einer Klappe. Einerseits war Rhodos eine ideale Angriffsbasis gegen den Osten (gleich ob man als Gegner die Moslems oder die orthodoxen Christen ansah), andererseits waren die streitbaren Ritter sinnvoll beschäftigt und bereiteten ihm keine Scherereien. Mit allerhöchster Billigung machte man sich also auf den Weg. Die Flotte ankerte zunächst bei Feraklos, und während Vignoli versuchte, Rhodos im Handstreich zu nehmen (was ihm mißlang), schickte Fulk eine Botschaft an den Kaiser mit dem Ersuchen, ihm die Insel zu überlassen. Als Gegenleistung erboten sich die Ritter, Insel und umliegendes Meer von Piraten zu säubern und dreihundert Ritter als loyale Vasallen zu stellen.

Andronikos aber hatte die erst hundert Jahre zurückliegende Plünderung von Konstantinopel nicht vergessen und lehnte ab. Die Ritter, über die Beleidigung erbost, schritten zum Großangriff. Ihr erstes Ziel war, natürlich, *Philerimos,* der beherrschende Burgberg im Süden der Stadt. Verrat spielte ihn ihnen in die Hände: Ein Diener rächte sich für erhaltene Prügelstrafe und führte die Ritter zu einem unbewachten Pförtchen.

Doch das war auch für lange Zeit der einzige Erfolg. Was Vignoli als Bagatelle hingestellt hatte, erwies sich als ziemlich zeitraubendes Unternehmen. Erst nach zweijähriger Belagerung kapitulierte die Stadt. Am 15. August 1309 zogen die Johanniter in Rhodos ein. Im Abendland verzeichnete man diesen Sieg der westlichen Christenheit über die östliche als großen Triumph. Und die Johanniter nannten sich jetzt „Chevaliers de Rhodes“. Heute trägt ein empfehlenswerter Rotwein diesen Namen.

Die Ritter ließen sich häuslich nieder und bauten – bzw. ließen sich von ihren griechischen Untertanen erbauen – eine gigantische Befestigung, die noch heute das Staunen jedes Besuchers erregt. Innerhalb der Wälle stand der Großmeisterpalast – eine Festung für sich – und das Ritterviertel, Collachium, das wieder durch eine eigene Mauer von der Griechenstadt abgetrennt war. Die Ritterstraße ist sorgfältig restauriert und bietet noch heute das Bild reiner Spätgotik. Hier hatten die Nationen oder „Zungen“, wie man sie nannte, ihre Herbergen, die jeweils einem eigenen Prior unterstanden, Frankreich, Auvergne, Provence, Aragon, Kastilien, Deutschland, England, Italien. Das Übergewicht lag bei den Franzosen, die allein schon durch die Aufteilung in drei Sprachgruppen einen bedeutenden Vorteil gewannen, denn bei Abstimmungen wurde nicht nach Rittern gezählt, sondern nach Zungen. (Weswegen sich die Spanier bei erster Gelegenheit in Kastilien und Aragon teilten.)

Völlig hatte der Orden die ursprüngliche Aufgabe nicht vergessen. Das Hospital (heute Museum) war mustergültig geführt, die Ärzte z. B. hatten Anweisung, mindestens zweimal am Tag Visite zu machen. Die kleinen Kammern im großen Saal dienten als Schlafplätze für die Pilger.

Ihre wirkliche Daseinsberechtigung aber erblickten die Johanniter auf anderen Gebieten. Rhodos war jetzt der östlichste Vorposten des Abendlandes, und da der Kampf gegen die Muselmanen zu Land verloren war, nahmen ihn die Ritter zur See wieder auf. Sie hatten die christlichen Schiffe gegen die türkischen Piraten zu schützen – eine Aufgabe, der sie sich mit großer Hingabe widmeten, zumal sich die eigene Piraterie damit leicht legitimieren ließ. Auch Vignoli erntete jetzt beruhigten Gewissens die „Früchte des Meeres“. Ließen sich schon zu Homers Zeiten Seefahrt und Seeraub kaum trennen, so war jetzt erst recht nicht mehr zu unterscheiden, was Christenpflicht gebot oder jedenfalls erlaubte. Im Krieg gegen Ungläubige gelten keine Regeln. Wenn allerdings – wie man munkelte – gelegentlich Ritter sich und ihre Mannschaft als Türken verkleideten, um venezianische Schiffe zu kapern, dann war das Glaubensgebot doch wohl überschritten.

Wie dem auch sei: auf Rhodos selbst herrschten Recht, Ordnung und Disziplin, und nicht nur der Orden wurde reich, sondern mit ihm auch die Insel. Drei Gelübde legten die Ritter ab: Armut, Keuschheit und Gehorsam. Das erste bezog sich ohnehin nur auf die Person. Der Orden selbst war alles andere als arm, und nachdem die Johanniter auch noch die Besitzungen ihrer unglücklichen Konkurrenten, der Templer, überwiesen bekamen, hielt man sie für reicher als die übrige Kirche zusammen. Das färbte natürlich auf die Dauer auch auf den persönlichen Lebensstil der Ritter ab. Das zweite Gelübde definierte man im wesentlichen als Ehelosigkeit, am dritten aber, dem Gehorsam, hielt man eisern fest. Mochten die Landsmannschaften untereinander rivalisieren – nach außen hin präsentierten sie sich als geschlossener Block. Das Collachium war streng bewacht, die Ritter durften es nur zu Pferd verlassen oder paarweise, was nicht gerade für ein intimes Einvernehmen mit der Bevölkerung spricht. In der milden Luft von Rhodos müssen die Herren „mit der eisernen Faust und dem unbezwingbaren Herzen“ einen erstaunlichen Anblick geboten haben. „Sie versäumten es, im Geiste Christi zu leben, aber sie waren bereit, in ihm zu sterben.“ Nichts illustriert die Richtigkeit dieser Feststellung Gibbons deutlicher als die Geschichte der Belagerungen von Rhodos.

Blick von den Festungsmauern auf die Stadt Rhodos

1479, 25 Jahre nach der Einnahme Konstantinopels, erschienen die Türken zum ersten Mal vor der Insel. Sie wurden zurückgeschlagen. Doch im nächsten Jahr brachte Sultan Mehmed II., der Eroberer Konstantinopels, auf einer Flotte von 160 Schiffen 70 000 Mann ans Land. Nach dreimonatiger Belagerung gelang ihnen der Durchbruch. Die Ritter kämpften wie die Löwen. Gerettet aber hat sie eine Ungeschicklichkeit des türkischen Kommandanten, der – sei es aus humanitären, sei es aus egoistischen Gründen – die Erlaubnis zum Plündern widerrief. Nur für die Ehre allein aber wollten seine Soldaten ihre Haut nicht zu Markte tragen, der Angriff stockte, Großmeister Pierre d'Aubusson nutzte die momentane Unsicherheit zu einem kühnen Ausfall, eroberte die Standarte und jagte die Türken in die Flucht. Neuntausend Türken fanden so einen wesentlich unrühmlicheren Tod. Die achttausend Pfosten, die man zum Pfählen der Belagerten eingerammt hatte, wurden Palisaden. Fast die Hälfte der Ritter war gefallen.
Die Überlebenden begannen sofort mit der Verstärkung der Mauer, denn es war klar, daß die Osmanenherrscher diese Niederlage nicht auf sich sitzen lassen würden. Man arbeitete fieberhaft, verbreiterte die Wälle bis zu einer Dicke von zwölf Metern, neue Gräben wurden angelegt, neue Bastionen vorgezogen. Rhodos wurde die stärkste Festung des Abendlandes.
42 Jahre dauerte der trügerische Friede, dann setzte Sultan Suleiman der Prächtige, der Eroberer Belgrads, zum Sturm an. „Diese Insel ist mir schon lange ein Dorn im Auge!“
Er traf umfangreiche Kriegsvorbereitungen und forderte die Johanniter zur Übergabe auf, denn „wo mein Heer den Fuß hinsetzt, kommen alle durch die furchtbare Schneide unseres Schwertes um“. Der fast siebzig-

jährige Großmeister Villiers de l'Isle Adam lehnte ab. Suleiman war kein Freund halber Sachen. Er rüstete eine Flotte von 600 Schiffen aus, bemannt mit 40 000 Ruderern, welche die eigentliche Streitmacht nach Rhodos beförderten: 25 000 Schwerbewaffnete, unterstützt von 60 000 Pionieren. In der Festung befanden sich 600 Ritter, 400 Kreter und 6000 Griechen. Der Vergleich mit der Belagerung des Demetrios drängt sich auf, zumal beide Seiten nicht nur Heldenmut bewiesen, sondern auch Respekt voreinander.
Natürlich besetzten die Türken erst die vorgelagerten Inseln und den Philerimosberg, bevor sie den eigentlichen Angriff vortrugen. Sechs Monate erbitterter Kampf. Dann mußten die Ritter einsehen, daß ihre Lage aussichtslos wurde. Verrat hat die Kapitulation beschleunigt, aber wohl nicht entschieden. Die Zeit der Ritter war vorbei.
Noch während der Waffenstillstandsverhandlungen, an Weihnachten 1522, drangen die Türken in die Stadt ein und richteten unter der griechischen Bevölkerung ein fürchterliches Blutbad an. Das war freilich entsetzlich. Doch man muß gerechterweise an Jerusalem und Konstantinopel erinnern sowie an die unvorstellbaren Massaker, die 1365 mit der Eroberung Alexandriens durch die Kreuzritter verbunden waren.
Suleiman bemühte sich immerhin, dem wüsten Treiben so schnell wie möglich Einhalt zu gebieten, und am 1. Januar 1523 verließen die 180 Ritter, die überlebt hatten, die Insel, mit ihnen 4000 katholische Rhodier; auch ihnen wurde freier Abzug gewährt. Die Ritter segelten zunächst nach Zypern, von wo sie vor 215 Jahren ausgezogen waren, mußten aber noch neun Jahre warten, bis ihnen Malta als neue Heimat zugewiesen wurde. So wurden aus den Johannitern die Malteser.
„Sie haben den Wind gesät, sie sollen den Sturm ernten", sagte Suleiman vor dem Angriff.
„Nichts in der Welt ging so glanzvoll verloren wie Rhodos" sagte Karl V. nach der Kapitulation. Es ist alles eine Frage der Perspektive.

Insel der Türken und Italiener

Dafür, daß die Türken fast 400 Jahre Herren von Rhodos waren, haben sie erstaunlich wenig Spuren hinterlassen. Wenn das Schiff in den Hafen einläuft, fallen einem sofort die vielen Minaretts auf – tausendfach beschriebenes Bild. Die Silhouette von Rhodos zeigt auf einen Blick die ganze komplizierte Geschichte der Insel. Die mächtigen Ritterbastionen, der Großmeisterpalast, die türkischen Minaretts, die byzantinischen Kuppeln, die katholischen Kampaniles, die italienische Neustadt, die modernen Hotels. Was fehlt, ist das antike Rhodos. Man muß es suchen, um es zu finden.
Das Landemanöver ist etwas kompliziert, man hat also Muße, das Bild zu betrachten und zu bedenken. Mit einer gewissen Wahrscheinlichkeit wird man in diesem ersten Augenblick den türkischen Einfluß überschätzen. Neun von zehn Moscheen sind byzantinische Kirchen gewesen (und sind es zum Teil wieder), die Minaretts sind nur angepappt.

Die Zahl der Türken, die auf Rhodos lebten, war nie sehr groß. Heute gibt es noch etwa 2000 Mohammedaner, und so findet nur noch in der Suleiman-Moschee Gottesdienst statt. Doch auch sie ist eine Rekonstruktion – wie so vieles auf Rhodos. In ihrer jetzigen Form stammt sie aus dem Jahre 1808.
Echt dagegen ist die Murad-Reis-Moschee, benannt nach dem ägyptischen Admiral, der wesentlich an der Eroberung beteiligt war und in der Moschee begraben liegt. Niemand sollte es versäumen, einmal durch den malerischen Friedhof zu spazieren.
Es entspricht nicht dem üblichen abendländischen Vorurteil, wenn man feststellt, daß die Türken im Erobern begabter waren als im Verwalten. Das beweist nicht nur Rhodos, das beweisen ebenso Griechenland und der ganze Balkan. Die zahlenmäßig immer geringe Oberschicht hatte weder kämpferische noch missionarische Interessen. Die Paschas wollten möglichst viel Steuern, möglichst wenig Ärger, ein möglichst angenehmes Leben und gelegentlich eine schöne Griechin oder auch einen schönen Griechen. Für die Landbevölkerung bedeutete das Ganze sowieso nur einen Wechsel der Fremdherrschaft in der Stadt und in den Burgen.
Was sich über Rhodos in der Türkenzeit legte, war weniger Terror als Schlaf. So ist außer den Moscheen nicht sehr viel aus der Osmanenzeit übriggeblieben. Die stimmungsvolle Bibliothek (gegenüber der Suleiman-Moschee) mit wertvollsten arabischen Handschriften (die aber auch die Türken nicht mehr lesen können); das prächtige türkische Bad – im Krieg zerstört, aber wieder aufgebaut und durchaus in Betrieb; das pittoreske Türkenviertel (in dem fast nur Griechen leben); das orientalische Basargetriebe, das sich um die Sokratesstraße konzentriert; ein paar schöne Häuser mit den typischen Balkonen und den vergitterten Fenstern für die Haremsdamen.

Man hatte sich mit der Zeit arrangiert, den Griechen wurde eine Art Selbstverwaltung zugestanden, und die Häuser der reichen Reeder von Lindos bezeugen, daß keineswegs alle griechische Aktivität erstickt wurde. Zu einer Krise führte der griechische Aufstand von 1821. Er brachte zwar – nach zehnjährigem heldenhaftem Kampf – die Befreiung von Kerngriechenland. Die rhodische Bevölkerung aber, die natürlich mit dem Mutterland sympathisierte, hatte unter türkischen Repressalien zu leiden, und trotz aller Opfer fanden es die Großmächte (England, Frankreich, Rußland) richtig, die Dodekanes-Inseln dem Osmanenreich zu belassen.
Erst 1912 schien die Stunde der Befreiung gekommen. Der italienisch-türkische Krieg führte zur Besetzung der Inseln durch die Italiener, die von den Griechen als Freunde empfangen wurden und auch gleich proklamierten, daß sie nicht zu bleiben gedächten. Man kennt das. Vielleicht meinten sie es damals sogar ernst. Aber der Appetit kommt beim Essen, die Italiener fanden zunehmend Gefallen an den Inseln, und während der faschistischen Ära hatten die Griechen unter der italienischen Besetzung sehr zu leiden.
Unter Mussolini wurde Rhodos zu einem Eckpfeiler des neuen „Imperium Romanum". Die Rekonstruktion des 1856 durch eine Pulverexplo-

Blick auf die Suleiman-Moschee von der Sokratesstraße aus

sion in die Luft geflogenen Großmeisterpalastes ist eine Demonstration dieses Machtwillens. Die Italiener haben darob viel Schelte einstecken müssen. Sicher ist der Palast – vor allem in seinem Inneren – ein Ergebnis faschistischer Großmannssucht, und sein Besuch lohnt sich eigentlich nur wegen einiger großartiger Ausblicke und wegen der schönen hellenistischen Mosaiken, die barbarischerweise aus Kos hierhergebracht wurden. Ansonsten sind die endlosen Zimmerfluchten eher komisch.

Die Griechen wurden zahlreichen Schikanen ausgesetzt; Italienisch wurde Pflichtunterricht, das Griechische möglichst unterdrückt; man versuchte die Griechen zu verdrängen, möglichst viele Italiener anzusiedeln – ägäische Variante des Südtirolproblems. Es ist also verständlich, wenn die Rhodier auch heute noch auf die Italiener schlecht zu sprechen sind. Das alles ändert nichts daran, daß das heutige Rhodos den Italienern unendlich viel verdankt. Man sollte sich den Blick durch politische Ressentiments nicht trüben lassen.

Die Italiener legten die moderne Neustadt an (merkwürdigerweise in einem arabisierenden Stil), eine gepflegte Gartenstadt mit vielen Parks; die Italiener haben auf Rhodos und Kos die Aufforstung in Gang gebracht (größtenteils durch Südtiroler Fachleute); die Italiener haben die Altertümer sorgfältig restauriert (wenngleich bei dieser Gelegenheit nach heutiger Ansicht oft etwas zuviel des Guten getan wurde); die Italiener haben ein ausgezeichnetes Straßennetz geschaffen, das es einem erlaubt, fast alle wichtigen Punkte der Insel ohne Schwierigkeiten mit dem Auto zu erreichen; die Italiener legten landwirtschaftliche Musterdörfer an, die noch immer etwas unverbunden neben den griechischen Siedlungen bestehen und doch eine beispielhafte Wirksamkeit entfalteten. Mit einem Wort: Sie haben die Infrastruktur der Insel entscheidend verbessert. Daß sie das nicht unbedingt den Griechen zuliebe taten, ändert nichts an dieser Tatsache.

1943, als Italien sich von Deutschland trennte, kam es zu heftigen Kämpfen zwischen den ehemaligen Waffenbrüdern, am schwersten natürlich am Philerimosberg. Heute sind die Spuren dieser Auseinandersetzung fast völlig beseitigt. Rhodos kam erst unter deutsche Besatzung, dann unter englische, welche die Herrschaft treuhänderisch für die Vereinten Nationen ausübte. 1947 wurden die Dodekanesinseln endgültig an Griechenland zurückgegeben. Von den Kriegszerstörungen hat sich Rhodos zunächst nur sehr langsam erholt. Eine entscheidende Wende brachte der Massentourismus, von dem die Insel heute weitgehend lebt.

Der Presseoffizier der britischen Militärverwaltung hieß Lawrence Durrell. Er schrieb während seines zweijährigen Aufenthalts das schönste Buch, das es über Rhodos gibt („Reflections on a Marine Venus" – deutsch „Leuchtende Orangen – Rhodos, Insel des Helios"), ein Buch, dem auch dieser Urlaubsberater tief verpflichtet ist.

Durrells Erinnerungen sind mehr als eine köstliche Schilderung seiner Erlebnisse – sie sind eine einzige hinreißende Liebeserklärung. Wieder einmal hatte das wehrlose Rhodos – seine Landschaft, sein Klima, seine immerfort spürbare Geschichte, seine Schönheit – einen Sieger überwältigt. Beim Abschied notiert sich der Besatzungsoffizier:

„Vor uns sammelt sich die Nacht, eine ganz andere Nacht, und Rhodos fällt hinab in das antwortlose Meer, in dem es nur die Erinnerung wiederfinden kann. Über Anatolien stehen hohe Wolken. Werde ich wieder auf Inseln leben, eine neue Zukunft haben? Wohl kaum, wenn man mit der Meeresvenus gelebt hat. Die Wunde, die sie zufügt, trägt man bis zum Ende der Welt."

Gewaltige Mauern umgeben die Stadt Rhodos

Die Stadt Rhodos

Die Stadt Rhodos (ca. 42 000 E.) liegt an der Nordostspitze der Insel. Sie besteht aus zwei sehr verschiedenen Gebieten: der von den gewaltigen Mauern umgürteten Altstadt mit dem Ritter- und dem Türkenviertel und der modernen, unter der italienischen Regierung angelegten Neustadt.
Während das großartig restaurierte Ritterviertel die eigentliche Attraktion der Stadt ist, kommt man im sogenannten Türkenviertel – in dem heute aber kaum mehr Türken wohnen – in eine stille Welt verträumter Gassen mit byzantinischen Kirchen und türkischen Moscheen.
Ganz im Gegensatz dazu steht die quirlige und lärmige Neustadt, in der sich auch die vielen Hotels befinden.
(Die Buchstaben im Kreis beziehen sich auf den Stadtplan von Rhodos, s. S. 44.)

Rundgang durch die Stadt

Das Ritterviertel

Wenn man es durch das *Elefterias-Tor* (*Freiheitstor* (a)) betritt (am *Mandraki-Hafen,* gegenüber dem *Neuen Markt*), kommt man zunächst zu den Resten eines *Aphrodite-Tempels* (b) aus dem 3. Jh. v. Chr., dann auf den malerischen *Symi-Platz;* dort steht das *Alte Hospital* (c) und, gegenüber, eine der schönsten – und am wenigsten restaurierten – *Ritterherbergen,* die der *Auvergne* von 1507 (d); die Straße führt durch einen Durchgang zum *Museumsplatz,* von dem die Ritterstraße (griech. Ippoton) abgeht. Am Museumsplatz das *Neue Ritterhospital* (e), in dem jetzt das *Archäologische Museum* untergebracht ist (s. S. 49), das *Haus der englischen Ritter* (f), rekonstruiert, und – gegenüber der Ritterstraße – die byzantinische *Marienkirche* (*Enderum-Moschee,* (g)).

Rhodos
200 m
N
a Elefterias-Tor (Freiheitstor)
b (Reste eines) Aphroditetempel(s) am Symi-Platz
c Altes Hospital (Bibliothek)
d Herberge der Auvergne
e Archäologisches Museum (urspr. Neues Ritterhospital)
f Haus der englischen Ritter
g Marienkirche (Enderum-Moschee)
h Herberge von Italien
i Herberge von Frankreich
k Herberge der Provence
l Herberge von Spanien
m Großmeisterpalast
n Sultan-Suleiman-Moschee
o Türkische Bibliothek (Medresse-Moschee)
p Handelsgericht
q Suleimansbad
r Fanurioskirche
s Agha-Moschee
t Alte Byzantinische Kirche
u Erlöserkirche (Soterkirche)
v Ilk-Mihrab-Moschee
w Ibrahim-Pascha-Moschee
x Dolapli-Moschee
y Panteleimonkirche
z Erzbischöfliches Palais
Aquarium
zum Flughafen und nach Kamiros
Kalimnou
Nrk. Sava
Murad-Reis-Moschee
Hotel des Roses
Tennis-Klub
Elli-Bad
Vassileos
Konstantinou
Grand Hotel
Dragoumi
Politehniou
Theater
Rathaus
Präfektur
Elefterias
Nikolaus-Festung (Leuchtturm)
A. Rodiou
V. Othonos
Amalias
Olimpic Airways
D. Dilberaki
Ion
Iroon
Evangelismus-Kirche
28 Octobriou 1940
Post
Alexandrou
EOT
25 Martiou
Mandraki
Makariou
Windmühlen
Metaxa
Diákou
Bank von Griechenland
Gallias
Neuer Markt (Nea Agora)
Krankenhaus
Ethnarchou
Taxi
Papalouká
Ton- u. Licht-schau
Mühlenturm
Amboise-Tor
Voriou
Ipírou
Riga Feréou
Handelshafen
Vass. Dimokratias
Sofouli
Ippoton
Ritterstraße
Glockenturm
Orfeos
Hafentor Katharinentor
Pindou
Hippokrates-Platz
Sokratesstraße
Them.
Mela
Fanuriosstraße
Hospital der ital. Ritter
Himaras
Hippodamou
Pythagoras
Perikleous
Agiou Ioannou
Alchadef
Pavlou
Omirou
Diagoridon
Vassilissis
zur Akropolis
Komninón
Víronos
St. Athanasius-Pforte
Franziskus-Kirche
Koskino-Tor
Kolokotroni
Dimokratias
Stadion
Irakliou
Ag. Anargiron
nach Lindos
Venetokleon

Die Ritterstraße

Die Ritterstraße wurde von den italienischen Archäologen von allen türkischen Anbauten befreit und vorbildlich restauriert, so daß sie heute den in Europa wohl einmaligen Anblick einer geschlossenen Wohnstraße in spätgotischem Stil zeigt. Die Herbergen stammen aus der Zeit um 1500. An der rechten Straßenseite (in Richtung zum Großmeisterpalast) die Herbergen von Italien ⓗ, Frankreich ⓘ und der Provence ⓚ; die linke Seite wird größtenteils vom Ritterhospital und seinem Garten eingenommen; kurz vor dem Kapitelbau, der sich über die Straße spannt, die große Herberge von Spanien ⓛ. Im Kapitelbau versammelten sich die Landsmannschaften zu gemeinsamer Beratung. Die Herberge der Deutschen konnte nicht identifiziert werden.

Die Ritterstraße endet beim *Großmeisterpalast* ⓜ, der in der Mitte des 14. Jh. errichtet wurde, 1856 durch eine Pulverexplosion in die Luft flog (ein Blitz hatte ein unentdecktes Pulverlager aus der Ritterzeit getroffen) und in den dreißiger Jahren von den Italienern als Gouverneurspalast wiederaufgebaut wurde. Da der Palast fast vollständig zerstört war, konnte man sich nur nach alten Bildern richten. Es handelt sich also nicht um eine originalgetreue Rekonstruktion, sondern um eine möglichst weitgehende Annäherung. Als Baumaterial wurden die Reste des Palastes, aber auch Reste anderer Johanniterburgen von Rhodos und anderen Inseln (vor allem Kos) verwendet. Während das Äußere immerhin einen ungefähren Eindruck vom ursprünglichen Palast vermittelt, ist das Innere ganz im pompösen Stil der italienischen Faschisten gestaltet worden. Sehenswert sind vor allem die hellenistischen Mosaiken, die aus Kos hergebracht wurden. Das Areal des Großmeisterpalastes ist eine Festung für sich innerhalb des mächtigen *Wallgürtels* der Stadt. Die Wälle sind zu bestimmten Zeiten begehbar (sehr empfehlenswert). Den stärksten Eindruck von der Befestigung des Großmeisterpalastes hat man von dem etwas westlich gelegenen *Amboise-Tor* (nach dem französischen Großmeister d'Amboise [1505–1512]). Gegenüber dem Großmeisterpalast stand ursprünglich die *Johanneskirche,* die von den Türken in eine Moschee verwandelt worden war und der gleichen Explosion zum Opfer fiel wie der Palast. Unter der italienischen Verwaltung wurde sie am *Mandraki-Hafen* wiederaufgebaut *(Evangelismus-Kirche).*

Das Türkenviertel

Ein paar Schritte nur vom Großmeisterpalast nach Süden, und man ist in einer vollkommen anderen Welt – im Türkenviertel, das vor 1523 Händler- oder Griechenviertel hieß und heute wieder von Griechen bewohnt wird.

Sultan-Suleiman-Moschee (n): Sie wurde ursprünglich 1523 von Sultan Suleiman zum Dank für die Eroberung von Rhodos erbaut, ihr heutiges Aussehen erhielt sie 1808. Die Moschee – die einzige, in der noch Gottesdienst gehalten wird – kann besichtigt werden (vorher Schuhe ablegen, Trinkgeld für den Wächter nicht vergessen). Sie ist nicht vergleichbar mit der Suleiman-Moschee von Istanbul; doch zumindest allen, die noch keine große Moschee gesehen haben, ist ein Besuch durchaus anzuraten.

Etwas westlich die *Türkische Bibliothek* (o) mit wertvollen türkischen und arabischen Handschriften. Sie ist in den Räumen der *Medresse-Moschee* untergebracht, die wiederum eine zweckentfremdete griechische Kirche ist *(Georgskirche)* und einen interessanten kleeblattförmigen Grundriß hat. Der stimmungsvolle Hof der Bibliothek ist mit hübschen Kieselsteinmosaiken ausgelegt.

Beim ersten Rundgang wird man für den Rückweg zum Hafen die der Ritterstraße etwa parallel laufende *So-*

Die Murad-Reis-Moschee

Grabsteine in ihrem Friedhof

Stadtfront der Präfektur

kratesstraße wählen, eine reizvolle Basarstraße mit einem unübersehbaren Angebot von Kunst und Kitsch. Sie führt zum *Fischmarkt* mit dem schönen Gebäude des ehemaligen *Handelsgerichts* (Castellania, von 1507, ⓟ) und durch die Ermoustraße zu dem gewaltigen *Hafentor,* das den Ritterhafen beherrscht, in dem heute die Handels- und Kreuzfahrten-Schiffe ankern.

Altstadtbummel

Wer Zeit und Lust hat, sollte es nicht bei diesem einen Rundgang bewenden lassen, sondern sich noch einmal ein paar Stunden für die südlich der Sokratesstraße gelegene eigentliche Altstadt reservieren. Hier scheint die Zeit nun völlig stehengeblieben. Leider wurde die Altstadt durch die Bombardierungen des Zweiten Weltkriegs ziemlich schwer beschädigt, so daß heute einige Teile fast verödet sind. Durch die Bomben wurden Teile der antiken Stadt freigelegt; deshalb stoppten die Archäologen den Wiederaufbau, bis alle Grabungsergebnisse ausgewertet sind.

Im Türkenviertel liegen das prächtige *türkische Bad* (*Suleimansbad,* ⓠ), das ebenfalls zerstört wurde, aber wiederaufgebaut und in Benutzung ist. Erreichbar von der Suleiman-Moschee durch die Hippodamou- und Archelaosstraße. Neben dem türkischen Bad die *Mustafa-Moschee* aus dem Jahre 1765. Die meisten Moscheen sind umgewandelte byzantinische Kirchen aus der Ritterzeit. Leider befinden sie sich durchweg in schlechtem Zustand; auch die teilweise freigelegten Fresken sind oft kaum noch zu erkennen. Die meisten Kirchen und Moscheen sind geschlossen, doch lohnt sich ein Gang durch die labyrinthische Altstadt in jedem Fall (vor allem für Photographen). Man wird sich gelegentlich verirren, das macht aber nichts, da man in jedem Fall an die Stadtmauer stößt, die das Türkenviertel umschließt, oder sich plötzlich wieder auf der Sokratesstraße befindet. Man kann die Orientierung also nie ganz verlieren. Angst braucht man auch in den schummrigsten Ecken nicht zu haben. Wichtige Kirchen und Moscheen: *Fanurioskirche* (*Pial-ed-Tin-Moschee,* ⓡ) in der Fanuriosstraße (Querstraße der Sokratesstraße), erbaut 1335, teilweise erhaltene Fresken; jeden Sonntag Gottesdienst, am 27. August Fest des hl. Fanurios. Die *Agha-Moschee* ⓢ wurde im Krieg schwer beschädigt, ist aber wiederaufgebaut. Westlich der Hippodamoustraße die *alte byzantinische Kirche* ⓣ und die *Erlöserkirche* (*Soterkirche,* ⓤ); an der Periklesstraße, dicht unter der Mauer die *Ilk-Mihrab-Moschee* ⓥ, eine byzantinische Kirche mit Fresken aus dem 14. Jh.; in der Nähe der Fanurioskirche befindet sich an einem großen Platz die *Rejeb-Moschee* von 1588 (sehr schlechter Zustand); nordöstlich der Rejeb-Moschee finden wir an der Pythagorasstraße die *Ibrahim-Pascha-Moschee* ⓦ, erbaut 1531; die Demosthenesstraße bringt uns zu der *Dolapli-Moschee* ⓧ, der früheren Hauptkirche, eine der ältesten byzantinischen Kirchen von Rhodos. Sie wurde 1943 zerstört, nach dem Krieg wiederaufgebaut und dient wieder dem christlichen Kultus. An der Ostspitze des Ritterhafens, wo Land- und Seemauern zusammentreffen, die *Panteleimonkirche* ⓨ, etwas westlich davon, an der Pindarstraße, das *Hospital der italienischen Ritter* (1516), die gotische Marienkirche und – gegenüber der Periklesstraße – das *Erzbischöfliche Palais* ⓩ, davor der vielphotographierte *Seepferdchenbrunnen.* Von dort innerhalb oder außerhalb der Hafenmauern zurück zum *Mandraki-Hafen.* Die einzige Moschee, die nicht in der Altstadt liegt, ist die *Murad-Reis-Moschee* von 1523 mit ihrem malerischen türkischen Friedhof (an der Nordspitze von Rhodos, beim Hotel des Roses).

Vom *Amboise-Tor* angefangen, befinden sich (Richtung Süden) die folgenden *Bastionen,* die jeweils einer Landsmannschaft zur Verteidigung zugewiesen waren: Deutschland – St. Georgsturm; Auvergne – Spanischer Turm; Spanien – Marientor (durch das die Türken einzogen und das sie 1531 zumauerten, auf daß ihnen nicht das gleiche passiere); England – zwischen Athanasius-Pforte und Koskino-Tor; Provence – Carettobastion; Italien – der restliche Abschnitt zur Hafenspitze; Kastilien – der Hafen; Frankreich – der Abschnitt nördlich des Amboise-Tores.

Die Akropolis von Rhodos

(Monte Smith)

Die antike Stadt war etwa vier- bis fünfmal so groß wie die heutige und zog sich amphitheatralisch hinauf bis zum Monte Smith (benannt nach einem Wachtturm des englischen Generals Smith), dem früheren Monte San Stefano.

Die Akropolis ist zu erreichen mit dem Stadtbus oder (empfehlenswerter) in etwa einer halben Stunde zu Fuß über die Straßen Komninon (von der Athanasius-Pforte) bzw. Vass. Dimokratias und Agiou Ioannou (vom Amboisetor) zur Diagoridonstraße.

Akropolis von Lindos ▷

Die Badebucht von Kefalos

Im Einkaufsviertel der Altstadt von Kos

Rast in der Taverne

Blick von der Akropolis von Lindos

Der Großmeisterpalast über dem Mandraki-Hafen von Rhodos

Es ist aber wahrhaft Rhodos
die Stadt des Helios,
besitzt sie doch eine Schönheit,
die dieses Gottes würdig ist.

Lukian, 2. Jh. n. Chr.

Keramikteller – eine alte Tradition

St. Nikolaos Funtukli auf Rhodos

Wir wollen den Gottesfrieden des Asklepios für immer annehmen, den die Koer verkünden. Wir wollen den Koern gewähren, worum sie bitten, die Unverletzlichkeit des Tempels des Asklepios in Kos.

Die Lakedämonier, 242 v. Chr.

Grabstele im Museum von Rhodos

Mosaik im Museum von Kos: Die Ankunft des Asklepios auf der Insel

Das Städtchen Lindos mit seiner berühmten Akropolis

Archäologisches Prunkstück von Kos: das Asklepieion

Tintenfische trocknen auf der Leine

Das Zentrum der Stadt Kos

Frühling in der Ägäis

Eine der größten Freuden, deren der Mensch auf dieser Welt gewürdigt werden kann, ist, die Ägäis zu bereisen im Frühling, umhaucht von der leichten Brise; ich habe mir das Paradies niemals anders vorstellen können.

Nikos Kazantzakis, 1883–1957

Schwämme bester Qualität ▷

Sultan-Suleiman-Moschee in der Altstadt von Rhodos

Griechische Bäuerin

Ausflug zur Insel Symi

Noch immer in Betrieb:
die Windmühle von Kefalos

Der Pope – Würdenträger der orthodoxen Kirche

Die italienischen Archäologen haben auf der Akropolis die Reste eines Tempels des Zeus Polieus und der Athena (Polias) festgestellt, außerdem einen *Tempel des Appollon Pythios* zum Teil wiederaufgebaut (dorisch, 3. Jh. v. Chr.). Das Theater der Stadt wurde bis heute nicht gefunden; unterhalb des Apollontempels das stark restaurierte *Odeion* aus dem 2. Jh., ein Freilichthörsaal für Rhetoriklehrer (vgl. S. 27); daneben das ebenfalls von den Italienern restaurierte *Marmorstadion.*

Der *Monte Smith* bietet einen ausgezeichneten Überblick über die ganze Nordwestküste. Besonders empfehlenswert ein Besuch am Abend wegen der atemberaubenden rhodischen Sonnenuntergänge, die man von hier besonders gut genießen kann.

Die Neustadt

Alle wichtigen Gebäude der von den Italienern errichteten Neustadt (im wesentlichen von dem Architekten del Fausto) liegen am Mandraki-Hafen, dem größten der drei Häfen von Rhodos; der *Neue Markt (Nea Agora)* mit seinen vielen Geschäften; die *Bank von Griechenland;* das *Postamt;* die *Präfektur* (der frühere italienische Gouverneurspalast); das *Rathaus;* das *Nationaltheater* und die *Evangelismus-Kirche* (Kirche der Verkündigung), eine Rekonstruktion der ehemaligen Johanniterkirche beim Großmeisterpalast.

An der Nordspitze der Insel das hübsche aus Muschelkalk aufgebaute *Aquarium,* das einen guten Überblick über das Getier der Ägäis bietet.

In der Neustadt findet man auch die Niederlassungen von Schiffsagenturen und Reisebüros. Das Informationsbüro der griechischen Touristikorganisation (EOT) befindet sich am Ende der Amerikis-Straße.

Für Kunstliebhaber

Der Besuch des *Archäologischen Museums* im neuen Ritterhospital (Museumsplatz, Rückseite der Ritterstraße) ist ein unbedingtes Muß.

Der Bau wurde 1440 begonnen, als das alte Hospital (jetzt Bibliothek, am Symi-Platz) zu klein wurde, und 1489 vollendet. Ein reines Zeugnis der Spätgotik.

Man betritt zunächst den allseits von Arkaden umschlossenen, fast 1000 qm großen Innenhof, in dem große Amphoren, ein hübscher Löwe (1. Jh. v. Chr.) und Pyramiden von Stein- und Eisenkugeln aufgestellt sind, die an die vielen Belagerungen der Stadt Rhodos erinnern. Einige der Steinkugeln sollen noch von der Belagerung durch Demetrios Poliorketes (305/304 v. Chr.) stammen.

Im Innenhof führt eine breite Freitreppe in das erste Stockwerk, in dem die eigentlichen Museumsräume untergebracht sind.

Der große Saal diente als Krankensaal, hier standen die Betten; in den kleinen (heute zugeschlagenen) Gelassen daneben schliefen die Pfleger.

Innenhof des Archäologischen Museums

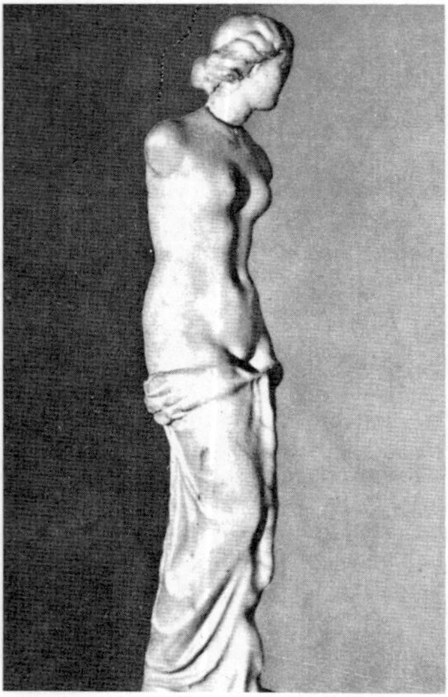

Meeresvenus

Der Erker diente als Kapelle, hier wurde täglich die Messe gelesen. Die Balkendecke ist aus dunklem Zypressenholz. Der außerordentlich edel proportionierte Raum beherbergt heute nur noch die Grabsteine der Ritter: „Gefallen zur Ehre des Herrn."
In den Räumen südlich des Krankensaals und im Gartenhof sind die Statuen aufgestellt, während in den nördlich gelegenen Räumen die Vasensammlung untergebracht ist. Die Vasensammlung ist eine der größten Griechenlands. Sie reicht zwar nicht an die des Athener Museums heran, doch bietet sie gute Beispiele aus allen wichtigen Epochen. Da die Räume ziemlich klein sind, wird man nie von der Überfülle erdrückt, sondern kann sich jeweils in Ruhe einem Stilkreis widmen.

Die wesentlichsten Stücke der Plastikensammlung sind:
zwei archaische *Kuroi* (Jünglinge) aus dem 6. Jh. v. Chr.;
die *Grabstele der Tamarista* (etwa 400 v. Chr.), ein Werk klassischer Schönheit, in dem der ganze Schmerz des Abschiednehmens in verhaltener Trauer gestaltet ist;
die *Meeresvenus* (4. Jh.), der Lawrence Durrell so begeisterte Seiten gewidmet hat;
die entzückende kleine *Aphrodite von Rhodos,* die – wie gerade aus dem Bad gekommen – die Zöpfe von sich weghält, um sie zu trocknen (etwa 100 v. Chr., Marmorkopie nach einem spätklassischen Original aus Bronze);
der Kopf des *Helios* (2. Jh. v. Chr.), der möglicherweise eine Vorstellung davon gibt, wie das Haupt der riesigen Heliosstatue (Koloß von Rhodos) ausgesehen hat.

Aphrodite von Rhodos

Archäologische Stätten und Kirchen siehe Ausflüge (S. 52 ff).

Heute geh'n wir aus

In Rhodos kann man seinen Abend auf vielfältige Art und Weise gestalten. Man kann in einer Taverne griechische Spezialitäten probieren oder in anderen Spezialitätenrestaurants deren Köstlichkeiten versuchen; man kann in Diskotheken bis zum frühen Morgen durchtanzen oder Folkloredarbietungen besuchen. Gemütliche Plätzchen zum Weintrinken, Plaudern, Zusammensein findet man überall.

Kontiki, das schwimmende Restaurant an der Hafenmole
Agrambeli (früher Nouri), Nähe San Francesco, griech. Küche
Vlachos, Monte Smith, griech. Küche
Angelos, neben Hotel Africa
Dania, Umgebung TUI-Büro, jeden Sonntagabend dänisches kaltes Buffet
Maison fleurie, Neustadt an der Straße nach Lindos, französische Küche
Captain's House, Nähe Blue Sky Hotel, internationale und griech. Küche
Sierra del Paella, Nähe Aquarium, Fische
Mandy's, Nähe Hotel Ibiscus/Mediterranean, chinesische Küche

Tavernen in der Altstadt:
Casa Castellana, Steak House
Plaka, am Hippokrates-Platz, gute Fischküche
Tsambiko, in der Markthalle, griech. und internationale Küche, gemütliches Plätzchen mit deutschsprechendem Wirt
Alexis, Sokratesstr., Fischspezialitäten
Fotis (Altstadt)
Pythagoras (P. Straße)
Melas, Nähe Großmeisterpalast, griech. Küche, sehr gut

Griechische Tavernen außerhalb:
Anoixis, vor dem Dorf Trianda
Vrachos, Trata, Kaliva, alle drei neben Hotel Golden Beach gelegen, Spezialität: frische Fische
Ta Kupia, Konaki im Dorf Tris
Gefyra, in Pastida
Liboudies (zyprisch), Richtung Faliraki

An das Nachtleben von Rhodos sollte man nicht mit zu erwartungsfrohen Vorstellungen herangehen, es entspricht – vorläufig – nicht unbedingt dem Niveau von Las Vegas.
Izabella, im Grandhotel Astir Palace
Tropican, im Hotel Rhodos Palace
Rhodian Cellar, im Parkhotel
Spilia, Hotel Rhodos Bay
Hotel Golden Beach
Number One, Hotel Metropolitan Capsis
CBS (come back soon), Hotel Faliraki Beach
Safari Club, Hotel Paradise, Kalithea
Bouzouki-Lokale (Für diese Lokale, die man ab 22 Uhr bis ca. 2 Uhr besucht, müssen Sie Geld und ein gutes Trommelfell mitbringen)
Minuit (beim Palm Hotel)
Copacabana, am Acandia-Hafen, mit internationalem Programm und ab Mitternacht Bouzouki-Musik
Rhodos by Night, Iphigenia, Richtung Hotel Miramare

Griechische Musik:
Amoni, im Hotel El Greco, bekannte rhodische Sänger
Zorbas, Nähe TUI-Büro (Iroon Politechniou Str.), griechische Musik
Blue Bird, Blue Note, alle Alex. Diakou.

Spielcasino:
im Grandhotel Astir Palace. Man spielt Roulette, Baccara und Black Jack (17 + 4).

Junge Leute treffen sich hauptsächlich bei:
Aquarius, ab 21 bis 2 Uhr in der Frühe, am Monte Smith, alte Villa *Mike's Pub, Step by Step* oder *Babylon,* ebenfalls am Monte Smith
Kuckuck's Nest, Nähe TUI-Büro (Othonos Amalias Str., ohne Tanz) *Le Foyer,* Nähe Hotel Chevalier (ohne Tanz)
Playboy Disco, Westküste
Elyssee Disco, Westküste
Barbarossa, Altstadt
Sticky Finger (mit Live-Musik), Neustadt
Christos Garden, Griva-Str.
Memories, Dragonmi-Str.
Pink Panther, Westküste

Bucht von Kalithea

A Kleine und große Ausflüge

Rodini

Im Süden der Stadt Rhodos (auf dem Weg nach Lindos) – mit dem Bus in 10 Minuten zu erreichen – liegt Rodini: Dörfchen, Park, Tal, Friedhöfe. In dem wasserreichen Gebiet haben die Italiener einen schönen, schattigen Park mit seltenen Pflanzen, Bächen, hübschen Spazierwegen angelegt. Im *Park* ein Gartenrestaurant mit Nachtklub. An zwei steinernen Löwen vorbei führt der Weg nach links in das romantische Rodinital mit den alten und neuen Zypressen, Oleanderbüschen und Agaven. Nach ca. 10 Minuten erreicht man das Ende des Tälchens bei einer Quelle. Von dort weiter links hinauf auf ein Plateau zu einem Fahrsträßchen mit mehreren Grotten. Geht man rechts das zypressenbestandene Sträßchen weiter, so erreicht man eine Höhle mit antiken Grabnischen. Nach Durchschreiten der Höhle durch schöne Landschaft weiter bis zum sogenannten *Ptolemäergrab* (in dem aber kein Ptolemäer liegt), einem hellenistischen Felskammergrab mit 21 dorischen Halbsäulen. Wer Zeit, Lust und bequeme Schuhe hat, kann im Rodinital stundenlang spazierengehen und über Leben und Tod nachdenken. Er wird kaum einem Menschen begegnen. Rückfahrt mit Bus vom Rodinipark in die Stadt.

Ausflüge mit öffentlichen Bussen

Mit öffentlichen Bussen sind zu erreichen (Abfahrt an der Neuen Markthalle):

Kalithea

(10 km südlich von Rhodos-Stadt, auf der Straße nach Lindos)

Unter der italienischen Verwaltung sehr malerisch angelegtes Thermalbad für Trinkkuren (gegen Gicht, Leber-, Nierenleiden, Verdauungsbeschwerden), deren Wirksamkeit schon Hippokrates gerühmt haben soll. Im Krieg zerstört, wiederaufgebaut, im Augenblick nicht in Betrieb.

Faliraki
(18 km südlich von Rhodos-Stadt, östlich der Straße nach Lindos)

Faliraki hat einen weiten, flachen Sandstrand mit Tavernen und Umkleidekabinen (vgl. „Sport und Spiel“, S. 64 f.). Während der Saison regelmäßige Busverbindungen zur Stadt. Linienbusse verkehren auch zwischen Archangelos, Afandou und Lindos.
Ein reges Strandleben mit vielen Sportmöglichkeiten (Windsurfing, Wasserski, Tretboote usw.). Große Hotels und eine Anzahl von kleinen Pensionen zeichnen Faliraki als attraktives Ferienzentrum aus.

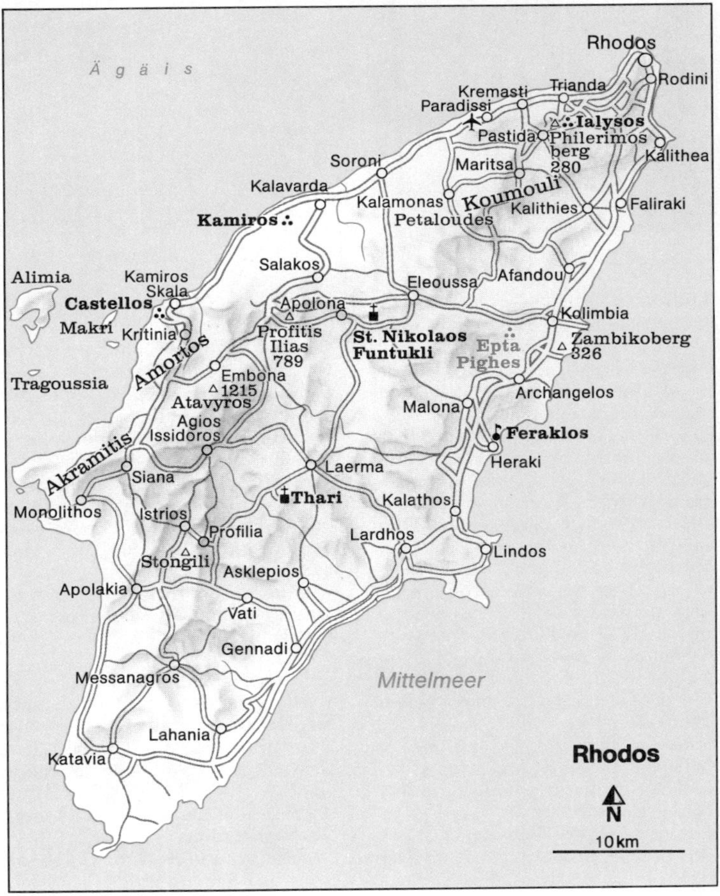

Aufgang zur Akropolis

Lindos 1500 E.
(56 km südöstlich von Rhodos-Stadt)

Das wichtigste Ziel an der Ostküste ist natürlich Lindos, einer der schönsten Ägäisorte überhaupt.
Die etwa einstündige Fahrt führt durch abwechslungsreiche Landschaft (parallel zur Küste) und malerische Dörfer *(Afandou, Archangelos, Malona)* nach Lindos, dessen Akropolis man schon von weitem auf steilem Fels aus dem Meer aufragen sieht. Lindos war die wichtigste der drei dorischen Städte von Rhodos und hatte seine Blütezeit unter dem Tyrannen Kleobulos im 6. Jh. v. Chr. (vgl. S. 20).
Mit der Gründung der gemeinsamen Hauptstadt Rhodos (408 v. Chr.) verlor es an Bedeutung, wurde aber in hellenistischer Zeit (im 3. Jh. v. Chr.) mit den Bauten geschmückt, die wir heute so bewundern.
Lindos blieb zu allen Zeiten besiedelt (im Gegensatz zu den beiden anderen Städten Ialysos und Kamiros) und wurde so ganz von selbst zu einem lebendigen Museum.
Wer will, kann auf einem Esel zur Akropolis hinaufreiten (die Treiber warten an der Busstation), sollte aber dann zu Fuß hinuntergehen und einen Rundgang durch das malerische Städtchen machen.
Akropolis: Die antike Burganlage ist von einem mächtigen Johanniterkastell aus der Zeit des Großmeisters d'Aubusson (1476–1505) umschlossen.
Wie in einem rücklaufenden Film nähert man sich also der Vergangenheit, vom 15. Jh. n. Chr. zum 3. und 6. v. Chr.
Am Eingang zur mittelalterlichen *Zitadelle* ⓐ ist das 5 m hohe, ziemlich gut erhaltene antike Relief einer *Triere* (Dreiruderer, ⓑ) zu sehen, Denkmal eines rhodischen Seesieges um 180 v. Chr. Wahrscheinlich trug es die Statue des siegreichen Admirals Hagesandros.
Die Treppe führt dann durch die großartige Ritterfestung ⓒ–ⓓ) hin-

durch zur gotischen *Burgkirche* (e) und von dort auf die untere *Tempelterrasse* (f). Diese wird beherrscht von einer 88 m breiten Säulenanlage (teilweise wieder aufgebaut; dorisch; 2. Jh. v. Chr.), welche die 21 m breite Treppe zur oberen Terrasse (g) einrahmt. Dort erreicht man nach Durchqueren des Säulenhofs (h) und der Säulenhalle (i) auf der höchsten Stelle, 166 m über dem Meer (Achtung, der Steilabsturz ist nicht gesichert) den *Tempel der Athena-Lindia* (k), der um 330 v. Chr. errichtet wurde und eine Gold-Elfenbein-Statue der Athena barg. Ein älterer Tempel aus der Zeit des Kleobulos (6. Jh. v. Chr.), der am gleichen Ort stand, ist durch Brand zerstört worden. Er gehört der Stadtgöttin von Lindos, Lindia; die Vermischung mit der Athena kam erst später durch attischen Einfluß zustande. Aus der Zeit der attischen Vorherrschaft (5. Jh.) dürfte auch die Lokalisierung der Geburt der Athena (aus dem Haupte des Zeus) in Lindos stammen.

Ein dorischer *Torbau (Propyläen)* aus der Zeit um 300 v. Chr., der zwischen der Säulenhalle und dem Tempel stand, ist nicht mehr vorhanden. Ganz im Norden liegt ein um 300 n. Chr. erbauter spätantiker *Tempel,* der wahrscheinlich dem Kaiserkult diente.

In den malerischen Felsbuchten unterhalb der Akropolis (den einzig guten Naturhäfen der Insel) soll 51 n. Chr. der Apostel Paulus gelandet sein.

Beim Rundgang durch Lindos besuche man die byzantinische *Marienkirche* (15. Jh.) mit schönen Fresken

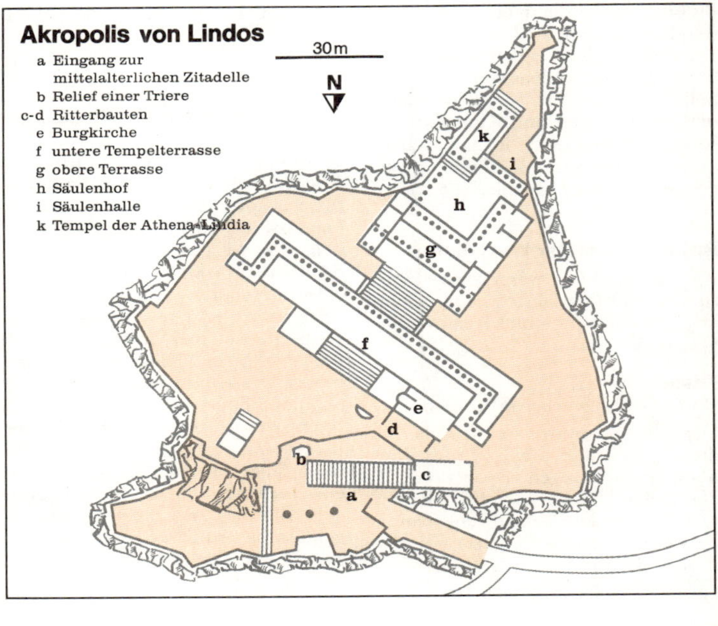

Freitreppe zum Tempel der Athene-Lindia

aus dem 18. Jh., nehme sich aber auch Zeit für einen gemütlichen Bummel durch die malerischen Gassen mit ihren Kieselsteinmosaiken. Die prachtvollen Kapitänshäuser (15. bis 17. Jh.) sind sehenswert.
Souvenirs jeder Art, vor allem Stick- und Webarbeiten und Keramik; besonders interessant die „lindischen Teller" – eine reizvolle Mischung aus griechischen und anatolischen Motiven.

Busfahrten an der Westküste

An der Westküste werden in organisierten Ausflugsfahrten vor allem Trianda, Petaloudes und Kamiros angesteuert.

Trianda 3000 E.
(15 km südwestlich von Rhodos)

Der Name kommt von trianda = dreißig, weil hier dreißig Ritter ihre Sommervillen hatten, die aber – nach der einen, die noch steht (auf der rechten Straßenseite), zu schließen – eher Festungen als Landhäusern glichen. Die *Kirche* von Trianda birgt eine ausgesprochene Sehenswürdigkeit, nämlich eine aus Olivenholz geschnitzte Ikonostase (Trennwand zwischen Kirchenraum und Altar). Außerdem schöne Ikonen.

Der besondere Tip: Petaloudes

Petaloudes (26 km südwestlich von Rhodos) bietet ein einzigartiges Naturschauspiel. Die Straße zweigt bei Paradissi von der Küste ab ins Innere. Über Kalamonas kommt man dann in das 480 m hoch gelegene *Schmetterlingstal,* eine von üppiger Vegetation erfüllte Waldschlucht. Klatscht man hier in den Sommermonaten in die Hände, so ist man plötzlich von Tausenden von Schmetterlingen umgeben. Es sind Nachtschwärmer, die zur Familie der Bärenspinner gehören. Die Oberseite ihrer Flügel ist graubraun gefärbt – eine perfekte Mimikry. Beim Fliegen aber wird die rosa Unterseite der Flügel sichtbar, so daß eine wunderbare rosa Wolke das liebliche Tal erfüllt.

Kamiros

(altgriech. Kameiros, 36 km südwestlich von Rhodos)

Kamiros war zunächst wohl eine kretische Siedlung, jedenfalls weisen die zahlreichen Gräberfunde auf eine enge Verbindung zum minoischen Kreta hin. In geschichtlicher Zeit von Dorern bewohnt; wegen seiner ungeschützten Lage am Meer erreichte es allerdings nicht die Bedeutung der beiden Schwesterstädte Lindos und Ialysos. Es blieb jedoch auch nach der Gründung der gemeinsamen Hauptstadt Rhodos (408 v. Chr.) besiedelt bis ins 4. Jh. n. Chr.

Die Stadt, die vollständig verschwunden war und erst gegen Ende des 19. Jh. gefunden und (teilweise) freigelegt wurde, bietet heute das in Griechenland seltene Bild einer antiken Wohnstadt. Die Häuser stammen meist aus der hellenistischen Zeit (3./2. Jh. v. Chr.) und erinnern stark an die gleichzeitigen Wohnanlagen auf der Insel Delos. Aus den Grabungsfunden von Kamiros stammt ein großer Teil der Hauptstücke im Museum von Rhodos, vor allem zahlreiche Vasen und die Grabstele der Krito und Tamarista.

An die heftigen Kämpfe zwischen Deutschen und Italienern erinnert heute glücklicherweise nichts mehr, die Stadt liegt in völliger Waldeinsamkeit – kiefernumstandenes Amphitheater. Von dem 125 m hohen Hügel, auf dem die Akropolis von Kamiros stand, genießt man eine herrliche Aussicht auf Landschaft und Meer. An diesem höchsten Punkt stand der Tempel der Athena von Kameiros (nur Fundamente erhalten), ihr vorgelagert eine 200 m lange dorische Säulenhalle (Stoa), von der sechs Säulen wieder aufgestellt worden sind. Davor riesige Zisternen (6. Jh. v. Chr.), die die Wasserversorgung der Stadt sicherten. An der tiefsten Mulde des Amphitheaters liegt der Marktplatz, daneben ein heiliger Bezirk mit Resten eines Apollontempels (3. Jh. v. Chr.) und verschiedener Altäre. Zwischen diesen beiden „öffentlichen" Bereichen zieht sich die Wohnstadt den Hügel hinauf, durchschnitten von einer schnurgeraden und prächtigen Hauptstraße.

Da wir so oft die prachtvollen Tempel der Griechen vor unserem wirklichen oder geistigen Auge haben und so selten die griechischen Wohnhäuser, setzt sich leicht die Vorstellung fest, die Griechen wären selbst eine Art Halbgötter gewesen, die marmorn zwischen Säulen wandelten. Kamiros bietet eine Gelegenheit, dieses Bild zu korrigieren. Die ganze Stadt ist kaum breiter als die Säulenhalle auf der Akropolis. Das griechische Leben war ein Leben in der Öffentlichkeit, die Häuser dienten zu kaum mehr als zum Schlafen.

Stoa in Kamiros

Mit dem eigenen Wagen

Wer Rhodos über die von den Reisebüros angebotenen Standardausflüge hinaus erforschen will – und es lohnt sich! –, braucht für einen oder zwei Tage einen eigenen Wagen (Mietwagen oder Taxi, vgl. Hinweise auf S. 87). Besonders lohnende Ziele:

Philerimosberg

(14 km südwestlich von Rhodos)

Philerimos heißt „Freund der Einsamkeit", und wer einmal auf dem 280 m hohen Gipfel stand, wird diesen Namen schnell begreifen. Heute bedeutet Philerimos Einsamkeit. Doch war das keineswegs immer so. Auf der beherrschenden Höhe an der Westküste siedelten schon Phönizier, Jahrhunderte später gründeten mykenische Griechen dort ihre erste Stadt auf Rhodos (Achaia). Im 11. Jh. bemächtigten sich ihrer die Dorer und nannten sie Ialysos nach dem mythischen Gründer, dem Sohn des Kerkaphos, dem Enkel des Sonnengottes Helios (vgl. S. 15). Auf dem Gipfel stand die Akropolis der Stadt, die sich in ihrer Blütezeit wahrscheinlich bis Trianda erstreckte; jedenfalls wurden dort zahlreiche Gräber gefunden. Die Stadt selbst ist bis jetzt nicht freigelegt. Aus Ialysos stammte Diagoras, dem Pindar seine vielzitierte Hymne widmete zum Preis für seinen Sieg bei den Olympischen Spielen von 464 v. Chr. Auf dem Philerimos warteten die Ritter auf Verstärkung, als sie Rhodos nicht im Handstreich nehmen konnten; zweihundert Jahre später traf von hier aus Sultan Suleiman seine Vorbereitungen zum Angriff; schließlich war der Philerimos Schauplatz der schlimmsten Kämpfe zwischen den Deutschen und Italienern im Jahr 1943.

In byzantinischer Zeit stand hier ein Kloster (wahrscheinlich hat der Berg damals seinen Namen bekommen); die Ritter verwandelten es in eine katholische Kirche und nahmen bei ihrem Abzug die wundertätige Ikone der Heiligen Jungfrau mit; in der Türkenzeit verfiel die Anlage, die Italiener bauten sie als katholisches Kloster nach alten Vorlagen wieder auf, bei den deutsch-italienischen Kämpfen wurde sie wieder zerstört und nach dem Krieg von den Griechen wieder rekonstruiert.

Vor der „Johanniterkirche" Reste eines *Athenatempels* (3. Jh. v. Chr.) und eines frühchristlichen Taufbeckens. Links neben dem Eingang in das Klostergelände die in den Felsen hineingebaute *Georgskapelle* mit Fresken aus dem 15. Jh.

Der besondere Tip

Vom Parkplatz links abwärts führt ein Treppenpfad zu dem schönen dorischen Brunnenhaus (um 300 v. Chr., italienische Restaurierung). Beim Brunnenhaus enden zwei der dreizehn unterirdischen Gänge, welche die Dorer – den Wasseradern folgend – durch den Berg gebohrt haben und die stark an die Wehrgänge von Tyrins erinnern. Vom Parkplatz rechts aufwärts – gegenüber dem Klostergelände – beginnt ein von den Italienern angelegter Kreuzweg, der zu einem unglaublich schönen Aussichtspunkt führt.

Beim Kiosk auf dem Parkplatz bekommt man eine Spezialität von Philerimos, den aus sieben Kräutern destillierten Magenbitter Sette Erbe.

Kamiros-Skala 800 E.

In Kamiros-Skala gehen die Hochseefischer an Land. Kamiros-Skala war einst der Hafen der im Inneren liegenden Stadt Kritinia (ursprünglich kretische Siedlung, s. Seite 19).

Malerische Hauseingänge in Embona

Castellos

Rechts von der Straße ragen die Ruinen von Castellos auf, einer Johanniterburg, die man wegen des außergewöhnlich schönen Rundblicks besteigen sollte (von der Straße 15 Min.).

Embona 700 E.

Über Kritinia führt die Straße nach *Embona,* einem malerischen ursprünglichen Gebirgsdorf zwischen Olivenhainen und Weinbergen (roter und weißer Embonawein). In der Kirche von Embona eine schöne geschnitzte Ikonostase aus goldüberzogenem Olivenholz. In Embona wird noch Tracht getragen, seine Tänzer und Tänzerinnen gelten als die besten von Rhodos.
Embona liegt am Fuße des *Atavyros* (1215 m), den man von hier aus besteigen kann. Da der Atavyros vollkommen kahl ist, der Weg schattenlos, übernachtet man am besten in Embona und bricht etwa zwei Stunden vor Sonnenaufgang auf. Das Erlebnis eines Sonnenaufgangs auf dem Atavyros ist überwältigend (Leichtbergschuhe oder Tennisschuhe mit dicken Sohlen).

Von Embona aus windet sich die Straße um das Atavyrosmassiv herum und führt durch sehr abwechslungsreiche Landschaft zu dem Dorf Monolithos.

Monolithos

Monolithos besitzt eine sehenswerte Kirche, und wenn man etwas weiter in Richtung Frourion fährt, kommt man zum südlichsten der Ritterkastelle.
Die Burg liegt auf einem 240 m hohen Felskegel (Monolith). In der Burg die Panteleimonskapelle mit interessanten Fresken. Wer es einrichten kann, am Spätnachmittag nach Monolithos zu kommen, sollte das tun, denn hier erlebt man die aufregendsten der aufregenden rhodischen Sonnenuntergänge.

Profitis Ilias

Profitis Ilias heißt üblicherweise auf den griechischen Inseln der höchste Gipfel, weil der Prophet Elias ja von einem Berggipfel aus in den Himmel gefahren ist. Offensichtlich handelt es sich dabei um die Christianisierung des Sonnengottes Helios, der mit seinem Sonnenwagen über das

Kirche St. Nikolaos Funtukli

Himmelsgewölbe fährt. Da h im Neugriechischen nicht gesprochen wird (und e als i), war die Übertragung sehr einfach.
Auf Rhodos ist der höchste Gipfel (Atavyros) dem Zeus reserviert, der zweithöchste dem Propheten. Dafür hat man den Vorteil, daß man den 789 m hohen Gipfel fast ganz mit dem Auto erreichen kann.
Auf dem Ilias haben die italienischen Wiederaufforstungen ihren größten Erfolg gehabt. Der Berg ist vollkommen bewaldet, man kommt sich vor wie in einem deutschen Mittelgebirge. Der Eindruck wird noch verstärkt durch die beiden Alpenhotels Elafos und Elafina (Hirsch und Hirschkuh), die im Chaletstil errichtet sind (nur im Hochsommer geöffnet).

St. Nikolaos Funtukli

Auf der Weiterfahrt nach *Eleoussa* kommt man zu dem byzantinischen Kirchlein St. Nikolaos Funtukli, das einsam auf einem bezaubernden Plateau liegt. Schiebt man die schweren Eisenriegel an den drei Türen zurück, so leuchtet an den Wänden ein Bilderteppich auf. Die gesamte Kirche ist eine Bildergeschichte.

Epta Pighes

Von *Eleoussa* führt eine gute Straße durch fruchtbares und wasserreiches Land zu den Epta Pighes, zu den sieben Quellen, an denen die Rhodier gerne Picknick machen. Von dort sind es nur noch ein paar Kilometer nach *Kolimbia,* einer der schönsten Badebuchten der Ostküste.

Kolimbia

Herrlicher, weißer Sandstrand, dem es aber nicht an Romantik mangelt, da er von riesigen Felsbrocken einge-

Bucht von Kolimbia

rahmt wird, die vom *Zambikoberg* heruntergebrochen sind. Die Bucht von Kolimbia ist in gleicher Weise ideal für Sonnenanbeter, für Nichtschwimmer, Schwimmer, Schnorchler und Taucher. Eine Taverne ist vorhanden.

Zambikoberg

Wer vom Schwimmen noch nicht zu müde ist, versäume es nicht, den 326 m hohen, von einer Kapelle gekrönten Zambikoberg zu besteigen (ca. 1½ Stunden). Der Aufstieg beginnt etwa einen Kilometer vor der Bucht (links ab, kleiner Bergpfad) und ist mit Kreuzen markiert, denn die Gipfelkapelle ist eine Wallfahrtskirche. Wenn unfruchtbare Frauen die Wallfahrt unternehmen, eine Nacht in der Kirche verbringen und vom Docht der Lampen essen, sollen sie ein Kind bekommen. Das Kind wird dann Zambiko (Bub) oder Zambika (Mädchen) getauft. Es gibt ziemlich viele Zambikos und Zambikas auf Rhodos; daß sie einander zum Teil ähnlich sehen, ist natürlich glatte Verleumdung.
Man genießt einen sehr schönen Rundblick. Der Weg führt großenteils durch Wald, ist aber ziemlich steinig, weswegen Leichtbergschuhe oder Schuhe mit dicken Gummisohlen zu empfehlen sind.

Archangelos 3300 E.

7 km südlich von *Kolimbia* liegt – im Orangengebiet – das Dorf Archangelos (Teppiche, Webarbeiten), von dem aus man die Ritterburg *Feraklos* erreichen kann (1½ Stunden). In *Feraklos* gingen die Ritter zuerst an Land, als sie Rhodos erobern wollten. In der von ihnen stark ausgebauten Festung haben sie sich auch am längsten gegen die Türken gehalten. Zwischen Feraklos und Lindos sehr schöne Buchten und Strände.

Asklepios 600 E.

15 km südwestlich von *Lindos* liegt – ein klein wenig landeinwärts – im Wald das Dörfchen Asklepios mit der weißgekalkten byzantinischen Kirche aus dem Jahre 1060. Sie ist reich geschmückt mit Fresken.

Thari

Am einsamsten liegt das Kloster Thari mit seinen zum Teil noch gut erhaltenen Fresken aus dem 12. Jh. Man erreicht es, indem man bei Lardhos (12 km westlich von Lindos) von der Hauptstraße abbiegt ins Innere, nach *Laerma* (gute Sandstraße). In Laerma erkundige man sich vorsichtshalber, ob die Kirche offen ist, oder bitte gegebenenfalls den Papas, einem jemanden mit dem Schlüssel mitzugeben. Von Laerma gekennzeichnete Abzweigung nach links, dann über sehr schlechte, mit Vorsicht jedoch durchaus befahrbare Waldwege nach Thari. Das Ziel lohnt die Mühe. Thari soll der Legende nach von einer byzantinischen Prinzessin gestiftet worden sein zum Dank für die Heilung, die sie in den frischen Wäldern fand. Thari liegt in einer Waldlichtung bei einer Quelle, zu der abends die Hirsche kommen.

Kloster Thari

Kloster Panormitis

Der weite Klosterhof und die vielen Zellen zeigen, daß das Kloster einst große Bedeutung besaß; heute liegt es verlassen in der Waldeinsamkeit. Zurück entweder den gleichen Weg über Laerma oder auf guter Sandstraße mit schönen Ausblicken in das Landesinnere nach *Profilia.*

Ausflüge mit dem Schiff

Schiffsreisen rund um die Insel Rhodos gibt es nicht, hingegen werden mehrfach wöchentlich *Badefahrten an der Ostküste* organisiert. Man tukkert mit einem Motorsegler gemütlich die Ostküste entlang zu den malerischen Buchten von *Ladiko, Afandou* (Mittagessen in einer Taverne), *Kolimbia* (s. o.) und, auf dem Rückweg, *Kalithea* (s. o.).
Schiffsverbindung nach Kos gibt es täglich, *nach Patmos* mehrfach die Woche. Verschiedene Reisebüros bieten auch Flugausflüge nach Kos an. Während der Sommersaison gibt es täglich Flüge nach Karpathos.
Ausflüge in die nahe Türkei unterliegen Sonderbestimmungen. Auf jeden Fall vorher erst Auskunft einholen (s. auch Kos S. 83).

Symi

Zu der schönen Dodekanes-Insel *Symi* (und wieder zurück) kann man jeden Tag kommen. Nach etwa zweistündiger Fahrt erreicht man die völlig verkarstete Insel und ihren gleichnamigen Haupthafen, dessen Häuser höchst malerisch in die Berglandschaft eingefügt sind. Früher lebten die Bewohner von Symi von der Fischerei und Schwammfischerei, außerdem sind sie seit dem Altertum als Schiffsbauer berühmt. Heute wird ihr geringes Einkommen als Fischer durch die Besuche der vielen Tagestouristen erweitert. Zwei kleine Hotels und mehrere Privatquartiere bieten Unterkunft für Individualisten, die auf Symi gerne ihren Urlaub verbringen.
Symi ist eine wasserlose Insel; zu den Häusern gehören also riesige Zisternen; nach dem Krieg wurde auf Symi von Amerikanern eine interessante Wasserentsalzungsanlage (Verdampfung durch Sonneneinstrahlung) installiert; inzwischen gibt es eine zweite, maschinell betriebene.

Die steilen Felsküsten sind für Taucher und Schnorchler ideal.

Kloster Panormitis

Das gleiche Schiff bringt einen nachmittags nach einer schönen Fahrt um die Insel herum zu dem Kloster Panormitis (12. Jh.), das seit dem 18. Jh. ein vielbesuchter Wallfahrtsort geworden ist. Eindrucksvolle Anlage (mit weitläufigem Gästehaus, in dem man auch übernachten kann) direkt am Meer. Schöne, aus Olivenholz geschnitzte Ikonostase, wundertätige Ikone des heiligen Michael, gut erhaltene byzantinische Fresken. Man vergesse nicht die Bibliothek, die wertvolle Manuskripte, Schmuckstücke und Bilder beherbergt.
Alkoholische Klosterspezialität: ein aparter Feigenschnaps.

Folkloristischer Tanz

In der Stadt Rhodos

Ton- und Lichtschau, eine optisch-akustische Interpretation vom Glanz und Fall der Kreuzritterstadt (durch die Belagerung von 1522, vgl. S. 39). Wie so vieles andere eine Geschmacksfrage. Die wechselnde Beleuchtung des Großmeisterpalastes ist in jedem Fall eindrucksvoll. Wem die historisch-dramatische Kurzfassung der Historie auf die Nerven geht, der höre eine Vorstellung in einer Sprache, die er nicht versteht (jeden Abend in anderer Sprache; Eingang gegenüber dem Neuen Markt).
Folkloredarbietungen bietet die Gruppe Dimolou in der Altstadt.
Das Nationaltheater (am Mandraki-Hafen) zeigt während der Saison Theaterstücke und Ballette, die auf Volksbräuchen beruhen, z. B. die „Rhodische Hochzeit", „Die Abfahrt der Schwammfischer", „Nach der Ernte" u. a.
Gastspiele des Athener Nationaltheaters und der Athener Festspiele werden während der Saison veranstaltet.

Auf der Insel

Wer mehr als eine Woche auf Rhodos verweilt, sollte es nicht versäumen, eines der griechischen Volksfeste zu besuchen, die an den Festtagen der Ortsheiligen in den verschiedenen Ortschaften stattfinden. Die Festivitäten beginnen prinzipiell am Abend vor dem Feiertag.
März/April: Ostern ist der Höhepunkt des Jahres. Die Fastenzeit wird auch heute noch streng eingehalten, um so strenger, je näher Ostern heranrückt. Entsprechend opulent fällt dann das Ostermahl aus. Karfreitag/Karsamstag: Prozessionen, Ostersonntag: die Mitternachtsmesse findet vor der Kirche statt. Erst nachdem die Osterbotschaft verkündet ist, empfängt man in der Kirche das Licht, indem man die eigene Kerze an der Osterkerze des Priesters entzündet und das Licht dann an den Nachbarn weitergibt. Ostern markiert zugleich den Beginn des neuen Kirchenjahres; man begrüßt es mit Knallkörpern und Feuerwerk wie bei uns in der Neujahrsnacht.
Das Osterfest wird in der Ostkirche noch nach dem Julianischen Kalender errechnet, fällt also nicht mit unserem Ostertermin zusammen.

23.April: Heiliger Georg, Kritinia.
1.Mai: Maifest; die jungen Männer winden Blumenkränze und hängen sie an die Türe ihrer Angebeteten. Die Kränze bleiben gewöhnlich bis zum 24.Juli hängen, manchmal auch länger.
24.Juni: Johannes der Täufer; allgemeines Fest mit Johannisfeuern.
29.Juni: Peter und Paul; Lindos.
17.Juli: Hl. Marina; Paradissi.
20.Juli: Prophet Elias; Eliasberg (Profitis Ilias).
30.Juli: Zu Ehren des heiligen Saulus (den es im offiziellen Kirchenkalender gar nicht gibt) wird bei Soroni ein großes Fest gefeiert. Saul soll ein Gefährte des heiligen Paulus gewesen sein und große Wunder vollbracht haben.
6.August: Christi Himmelfahrt; Maritsa.
15.August: Heilige Jungfrau; Kremasti, Embona.
23.August: Heilige Jungfrau; Kremasti, Trianda.
8.September: Heilige Jungfrau; Zambiko-Klöster.
14.September: Heiliges Kreuz; Kalithies, Malona.
18. Oktober: Heiliger Lukas; Afandou.
26. Oktober: Heiliger Demetrios; zugleich wird der neue Wein probiert.

Sport und Spiel

Sport ist auf der Insel in erster Linie natürlich Wassersport: Schwimmen (aber nicht nach dem Essen baden, nicht in der mörderischen Sonne liegen!).
Haifische wurden seit Menschengedenken in Rhodos nicht gesichtet. Trotzdem ist ihre Existenz nicht absolut auszuschließen. Langstreckenschwimmer schwimmen also besser parallel zur Küste und nicht zu weit in die offene See.

Die Gäste der Stadthotels begeben sich mit Vorliebe in das Strandbad Elli, welches aus diesem Grunde im Volksmund Germanengrill genannt wird.
Der ganze Strand an der Nordwest- und Westseite (Richtung Miramare-Trianda) ist Freistrand, meist eine Mischung von Sand und Kies. Wegen des fast dauernd wehenden Nordwestwindes (Meltemi) genießt man an der Westseite das in der Ägäis seltene Vergnügen, in (manchmal beträchtlichen) Wellen schwimmen zu können.
Landschaftlich reizvoll sind die Badebuchten an der Ostküste.
Kalithea: 10 km südlich von Rhodos gelegen; eine sehr romantische, von Felsen umschlossene Sandbucht. Ständige Busverbindung mit der Stadt.
Faliraki: 18 km südlich der Stadt. Herrlicher, weiter, ganz flacher Sandstrand, auch für Kinder und Nichtschwimmer hervorragend geeignet. Hier gibt es Tavernen, Umkleidekabinen, Sonnenschirme, Liegestühle und viele Sportmöglichkeiten. Man kann also leicht den ganzen Tag dort verbringen. Ständige Busverbindung mit Rhodos.
Besonders empfehlenswert sind die noch nicht überlaufenen Sandstrände von Ladiko, Afandou, Kolimbia, Tsambika Beach, Haraki (alle östlich der Straße nach Lindos). Leider nur mit eigenem Fahrzeug oder Motorboot zu erreichen. Vgl. Schiffsausflüge. Zwischen Archangelos, Afandou und Lindos verkehren Linienbusse. *Nacktbaden* ist in Griechenland verboten (was nicht ausschließt, daß es auf Rhodos gelegentlich – wo's niemand sieht – doch praktiziert wird).
Was man nicht oft genug sagen kann: Die *Sonne* von Rhodos ist äußerst gefährlich. Wer sich keinen Sonnenbrand holen will, begebe sich also nach dem Baden möglichst schnell wieder in den Schutz eines Sonnenschirmes. Die indirekte Strahlung – durch Wasser und Sand – bräunt etwas langsamer, aber dafür um so haltbarer.
Tauchen mit Geräten ist an den Stränden von Rhodos nicht erlaubt. Die griechischen Behörden wollen so die noch auf dem Meeresgrund liegenden antiken Schätze schützen.

Pedalos vermieten verschiedene Privatverleiher an den meisten Stränden.

gibt es bei fast allen Strandhotels der A- und Luxus-Kategorie. Anmeldung in der Rezeption. Außerdem steht der Platz des Tennisclubs Rhodos zur Verfügung. Hier können auch Nicht-Mitglieder spielen. Anmeldung über den Tennisclub.

Golfplatz Afandou, ca. 20 km von Rhodos entfernt. Gelände mit 18 Löchern, 6135 m für Herren, 5540 m für Damen, Klubhaus mit Duschen

Mit Eseln auf die Akropolis von Lindos.

Meerwasser-Swimming-pools haben die meisten großen Hotels.

Viele Hotels an der Ost- und Westküste besitzen einen Minigolfplatz. Nicht-Hotelgäste können auf den Minigolfanlagen Rhodos-Stadt (Nähe Palm Hotel) oder Westküste (Nähe Metropolitan Capsis) spielen.

an allen großen Stränden.

Wind-Surfing-Schulen gibt es an der Westküste, am Faliraki Strand und beim Lindos Bay Hotel.

Wer nicht gerade mit dem eigenen Boot nach Rhodos gekommen ist, kann sich Segel(motor)jachten mieten. Wegen der Gefährlichkeit der See werden Boote aber nicht ohne Mannschaft vermietet. Auskunft beim Segelklub am Mandraki-Hafen, der auch ausländischen Segelfreunden hilft.

Kleiner Einkaufsbummel

Um den Dodekanes-Inseln nach den schweren Kriegszerstörungen wirtschaftlich aufzuhelfen, erhielten sie nach der Befreiung eine Reihe von Zollerleichterungen. So sind z.B. – die sonst sehr teuren – *ausländischen Spirituosen* auf Rhodos verhältnismäßig billig. Auch *ausländische Stoffe* (vor allem englische) können preisgünstiger erworben werden. *Anzüge und Mäntel* werden erstaunlich schnell hergestellt, doch entsprechen Zutaten und Verarbeitung nicht immer der Stoffqualität. *Pelze* werden in großer Zahl angeboten. Sie stammen teils aus Importen, teils aus Nordgriechenland, vor allem aus der Gegend um Kastoria.
Wer erstklassige Qualität in Ware und Verarbeitung sucht, sollte nicht

Rhodische Teller

unbedingt auf Rhodos kaufen, trotz der oft verführerischen Preise. Gebrauchsware hingegen kann man auf Rhodos relativ preiswert erwerben.
Schmuck: Das Kunsthandwerk hat auf Rhodos alte Tradition. Auch heute werden nach alten Mustern gute Schmuckstücke angefertigt.
Souvenirs jeder Sorte erhält man in der Stadt Rhodos am Hafen und in der Altstadt, außerdem natürlich in Lindos.
Schwämme am Hafen und auf der Insel Symi.
Schallplatten mit griechischer Volksmusik in Rhodos in der Sokratesstraße in der Neuen Markthalle am Mandraki-Hafen und in der Neustadt.
Teppiche und Webarbeiten nach alten Mustern werden noch heute auf Rhodos von Hand hergestellt, vor allem in der Gegend von Afandou und Archangelos an der Ostküste.
Handgewebte Stoffe aus Wolle und Seide oder nur aus Seide, nach altgriechischen Vorlagen gefertigt und mit handgestickten Goldbordüren nach altbyzantinischen Mustern verziert, bekommt man in diversen Geschäften in der Altstadt von Rhodos, besonders in der Sokratesstraße und am Museumsplatz.
Handbestickte Blusen und Batikarbeiten im Folklorestil in der Altstadt von Rhodos, in der Sokratesstraße und in der Neustadt.
Ikonen, nach traditionellen Techniken und Motiven hergestellt, gibt es ebenfalls in der Altstadt, aber auch in vielen anderen Orten auf der Insel.
Kupferarbeiten und Olivenholzschnitzereien in der Altstadt von Rhodos und in der Sokratesstraße.
Keramik hat alte Tradition auf Rhodos. Vor allem in Lindos war es üblich, daß jeder Seefahrer seiner Braut oder seiner Familie möglichst viele Schmuckteller aus aller Welt mitbrachte. In den Reedershäusern von Lindos kann man noch heute ganze Wände sehen, die mit Tellern geschmückt sind. Diese Teller sind natürlich nicht verkäuflich. Doch haben sie auf die einheimischen Töpfer eingewirkt, die viele fremde Motive übernommen haben. So sind die „rhodischen Teller“ eine sehr reizvolle Mischung aus antiken und fremden, vor allem orientalischen Elementen.
Manufaktur: die „Ikaros“-Töpferei, südlich der Stadt Rhodos auf dem Weg nach Kalithea; außerdem mehrere Töpfereien auf der Straße nach Lindos und in Lindos selbst; die „Nassos“-Töpferei in Paradissi, an der Westküste auf dem Weg nach Kamiros. In der Werkstatt kann man den Töpferinnen bei der Arbeit zusehen.
Allgemeines: Bevor man kauft, versuche man sich erst einen Überblick über das gesamte Angebot zu machen und Vergleiche zu ziehen. Schmuck und Souvenirs kauft man in der Altstadt (dort kann man versuchen, die Preise etwas herunterzuhandeln).

Die Stadt Kos

Die Insel Kos

„Wen Kos nicht ernährt, den ernährt auch Ägypten nicht", pflegten die alten Griechen zu sagen, um die Fruchtbarkeit der Insel zu charakterisieren. Und der Geograph Strabon – dem wir überhaupt sehr viele wichtige Informationen über das alte Griechenland verdanken – schrieb: „Die Stadt der Koer ist nicht besonders groß, aber es läßt sich besser darin leben als in allen anderen Städten, und sie bietet einen wunderbaren Anblick, wenn man mit dem Schiff daran vorbeifährt." Diodor von Sizilien ergänzte: „Eine Menge Volkes ist in ihr versammelt, und prachtvolle Stadtmauern wurden errichtet und ein beachtlicher Hafen. So kam es, daß die Stadt im Lauf der Jahre erhebliche öffentliche Einkünfte und privaten Wohlstand aufzuweisen hatte, wie es Hauptstädten eigen ist."
Die Wohlhabenheit der Insel und das Wohlgefühl ihrer Bewohner sind also schon in der Antike allen Besuchern aufgefallen – und daran hat sich bis heute nicht viel geändert. Dies dürfte auch der Grund dafür sein, daß die Koer – im Gegensatz zu den meisten Inselgriechen – am liebsten zu Hause blieben und bleiben. So hat sich Kos auch an der großen griechischen Kolonisation des 1. Jahrtausends v. Chr. nicht beteiligt, sehr im Gegensatz zu Rhodos auch weder eine selbständige Politik noch kühne Schiffahrt betrieben. Umgekehrt zeigen die zahlreichen Eroberungen, wie begehrt das friedliche Eiland immer war.
Die zitierten Berichte beziehen sich alle auf das Kos der klassischen und hellenistischen Jahrhunderte. Die Hauptstadt Kos – an der heutigen Stelle gelegen – wurde aber erst im 4. Jahrhundert v. Chr. gegründet. Bevor wir sie uns näher ansehen, zuerst ein kurzer Überblick über die Vorgeschichte.

Junge auf dem Pferd, hellenistisches Mosaik

Geschichte

Spuren erster Besiedelung weisen ins 4. Jahrtausend v. Chr. zurück. Diesen Ureinwohnern, die man – mangels besserer Kenntnisse – dem sagenhaften Volk der Pelasger zurechnet, folgten im 2. Jahrtausend Karer aus Kleinasien (weswegen die Insel zunächst auch Kouris oder Karis hieß), die auf den fruchtbaren Ebenen Ackerbau betrieben. Etwa um 1600 v. Chr. gründeten kretische Minoer eine Handelsniederlassung an der Stelle der heutigen Hauptstadt. Auf den Zusammenbruch des minoischen Reiches im 15. vorchristlichen Jahrhundert folgten in Wellen erst Achäer, dann Mykener, auch phönizische Stützpunkte sind nachgewiesen. Zusammen mit Karpathos, Nisyros, Kasos und Kalymnos beteiligten sich die Koer am Trojanischen Krieg (etwa 1200 v. Chr.) mit dreißig Schiffen, was bereits von beträchtlichem Wohlstand zeugt.
Bekanntlich wurden die mykenischen Reiche von den Dorern überrannt und zerstört – es beginnt die „dunkle Periode" Griechenlands, von der wir wenig wissen. Laut Herodot siedelten sich im 9. Jahrhundert Dorer aus Epidauros in Kos an (eine Angabe, die durch Keramikfunde bestätigt wird) und brachten wahrscheinlich schon um diese Zeit den Asklepios-Kult auf die Insel, der Kos später so berühmt (und reich) gemacht hat. Um 700 v. Chr. verbündete sich Kos mit den drei rhodischen Städten Lindos, Ialysos und Kamiros sowie mit Knidos und Halikarnassos in

Die älteste Platane Europas, unter der schon Hippokrates gelehrt haben soll

Kleinasien zum dorischen „Sechsstädtebund" (Hexapolis), einem Zusammenschluß mit politischer und religiöser Zielsetzung.
Von zentraler Verwaltung konnte keine Rede sein. Alter griechischer Tradition folgend, führten die Gemeinden ihr Eigenleben (vgl. die ziemlich parallele Entwicklung auf Rhodos). Die wichtigste Stadt war Astypalia (in der Bucht von Kefalos im Südwesten), ein handelstechnisch ungünstiger Standort – was einmal mehr beweist, daß die Koer nicht auf das Meer hin orientiert waren, sondern auf ihr eigenes Land, das eben fruchtbar genug war.
Nach dem Sieg der Perser über die Lyder (546 v. Chr.) kam mit der kleinasiatischen Küste und den vorgelagerten Inseln auch Kos unter persische Kontrolle und mußte sich dementsprechend an der Schlacht von Salamis mit fünf Schiffen auf persischer Seite beteiligen. Erst nach der endgültigen Niederlage der Perser gegen die Griechen (479 v. Chr.) wurde Kos einigermaßen unabhängig und trat 477 dem attisch-delischen Seebund unter der Vorherrschaft Athens bei. Der hohe Beitrag, den Kos zu diesem Bündnis leistete, zeigt, daß sich die Insel ihren Wohlstand trotz all dieser Wirren offensichtlich bewahren konnte.
Das klassische Zeitalter Griechenlands, das 5. und 4. vorchristliche Jahrhundert, bescherte auch Kos eine Blütezeit, zumal es der Insel gelang, sich aus dem innergriechischen Bruderkrieg zwischen Athen und Sparta (Peloponnesischer Krieg 431–404) wenigstens die meiste Zeit herauszu-

halten. Von dieser ganzen komplizierten Geschichte ist auf Kos aber praktisch nichts zu sehen. Historiker und Archäologen haben sie aus Schriften und Scherben mühsam rekonstruiert.

Die Niederlage Athens gegen Sparta kam Kos ebenfalls zustatten, da Athen seine Vormachtstellung im Bund zunehmend rücksichtsloser ausgenutzt hatte. Trotzdem gingen die innergriechischen Auseinandersetzungen nach dem Ende des Krieges auch an Kos nicht spurlos vorüber. Es bildete sich eine pro-attische, nämlich demokratische, und eine prospartanische, nämlich oligarchisch gesinnte Partei, was fast zu bürgerkriegsähnlichen Zuständen führte. Diese wurden durch einen Kompromiß beendet, der für Kos von außerordentlicher Bedeutung werden sollte: genau nach dem Muster von Rhodos (vgl. S. 22) beschlossen die beiden Parteien, an der Nordostspitze der Insel eine gemeinsame Hauptstadt zu bauen – an der sie auch heute noch steht. Erleichtert wurde dieser Entschluß dadurch, daß um 412 ein verheerendes Erdbeben Astypalia zerstört hatte, deren Einwohner sich zum Teil bereits an das Kap Skandari geflüchtet hatten.

Nach Alexander dem Großen und den Auseinandersetzungen um seine Nachfolge (Diadochenkriege) kam Kos zunächst unter ptolemäische (ägyptische) und ab 130 v.Chr. wie ganz Griechenland unter römische Herrschaft. Da die Römer (wie vorher alle anderen Eroberer auch) Kos sehr schätzten und der Ruf des Asklepios-Heiligtums sich in der ganzen alten Welt verbreitet hatte (vgl. S. 78ff.), brachten diese hellenistischen Jahrhunderte Kos eine ausgesprochene Blütezeit. Aus dieser Epoche stammen die meisten archäologischen Zeugnisse, die uns heute noch beeindrucken.

Der Apostel Paulus besuchte auf einer seiner Reisen Kos und legte dort den Grundstein für das Christentum, das sich – den vielen Ruinen frühchristlicher Kirchen nach zu schließen – verhältnismäßig rasch ausbreitete. Nach der Teilung des Römischen Reiches (395 n.Chr.) kam Kos zu Ostrom und wurde dem Verwaltungsbezirk Samos unterstellt. Nach dem vierten Kreuzzug 1204 (vgl. S. 33) wurde Kos venezianisches Herzogtum (unter dem Namen Lango) und ging ein Jahrhundert später an Genua über, dessen Repräsentant Vignolo de Vignoli jenen berühmten Vertrag mit dem Johanniterorden schloß, der schließlich nicht nur Rhodos, sondern auch Kos unter die Herrschaft der Ritter brachte (vgl. S. 36). Kos wurde ein Vorposten von Rhodos und fiel nach der Hauptinsel 1523 an die Türken.

Die Türkenherrschaft dauerte fast 400 Jahre, bis im italienisch-türkischen Krieg 1911/12 italienische Truppen die Dodekanes-Inseln besetzten und sich entgegen ursprünglicher Proklamationen alsbald dort häuslich einrichteten.

Insbesondere während der faschistischen Ära hatten die Griechen unter den Schikanen der italienischen Verwaltung zu leiden. Nach dem Bruch zwischen Deutschland und Italien 1943 besetzten deutsche Truppen Kos, bei Kriegsende englische. 1947 wurden alle Dodekanes-Inseln an Griechenland zurückgegeben (vgl. auch S. 42).

Elefterias-Platz mit Defdendar-Moschee

Die Stadt Kos

Die Stadt Kos (ca. 12000 E.) liegt an der Nordspitze der Insel. Ihr Hafen wird beherrscht von der mächtigen Johanniterfestung. Im Zentrum wurden zwei ausgedehnte Grabungsgebiete freigelegt, die einen Eindruck von der antiken Stadt vermitteln.

Kos, das in den letzten Jahren schnell gewachsen ist, blieb trotzdem fast eine Gartenstadt, der die orientalisierende Architektur und die vielen Palmen einen fast afrikanischen Charakter verleihen.

Die touristischen Einrichtungen befinden sich an der Hafenpromenade und am Stadtstrand (südlich des Hafens), fast außerhalb des eigentlichen Wohngebietes. (Die Buchstaben im Kreis beziehen sich auf den Stadtplan von Kos, s. S. 78.)

Rundgang durch die Stadt

Von der antiken Stadt Kos ist – abgesehen von der Festung – wesentlich mehr zu sehen als von der mittelalterlichen. Grund dafür ist, daß 1933 ein Erdbeben große Teile der Stadt zerstörte. Kos wurde also neu aufgebaut, und zwar – vor allem was die öffentlichen Gebäude betrifft – in dem von den Italienern damals bevorzugten Stil, der mehr an Nordafrika als an die anderen griechischen Inseln erinnert. Gleichzeitig ergab sich dadurch für die Archäologen die Möglichkeit zu groß angelegten Ausgrabungen (die keineswegs abgeschlossen sind).

Zentrum der kleinen Stadt ist der *Elefterias-Platz* (Freiheitsplatz, ⓐ) der von der im späten 18. Jahrhundert erbauten *Defdendar-Moschee* ⓑ, (geschlossen, im Erdgeschoß Läden) beherrscht wird. Schräg gegenüber liegt die stets belebte *Markthalle* ⓒ, in welcher der ganze Reichtum der Insel an herrlichen Früchten und Gemüsen feilgeboten wird. (Es ist fast symptomatisch, daß der Fischmarkt außerhalb der Markthalle dagegen ein wenig kümmerlich wirkt, denn die Ägäis ist leider ein fischarmes Meer geworden.) An der Nordseite steht das *Museum* (ⓓ, s. S. 73), zwischen Museum und Markt gibt es ein stets voll besetztes Café und das Restaurant „Chateau". Zwischen der Markthalle und dem Restaurant „Chateau" führen einige Sträßchen in die sogenannte Altstadt, die zwar so alt auch wieder nicht ist, aber mit ih-

ren verwinkelten Gassen doch die Atmosphäre griechischer Inselarchitektur atmet. In diesen malerischen Häuschen ist ein Souvenirladen neben dem anderen.
Vom Elefterias-Platz sind es (am Museum vorbei) nur ein paar Schritte zur Akti Koundouriotou, die den ganzen Hafen (wie in Rhodos Mandraki genannt) umschließt. Zwischen den Büros der Schiffsagenturen und einigen Banken reiht sich hier Café an Café (mehr international als eigentlich griechisch). Man kann hier gemütlich sitzen, plaudern und das rege Hafenleben betrachten.

Stadt Kos

Das Museum ⓓ

Es birgt hauptsächlich Skulpturen aus hellenistischer und römischer Zeit. Die Mittelhalle ist wie der Innenhof einer reichen römischen Villa gestaltet (vgl. Casa Romana S. 77) und mit einem großen, bestens erhaltenen Mosaik geschmückt, das die Ankunft des Asklepios auf der Insel Kos zeigt (2. oder 3. Jh. n. Chr.). Rechts im Bild begrüßt ihn ein Insulaner, freudig erregt, als wisse er schon, welchen Reichtum Asklepios und sein Heiligtum über die Insel bringen werden. Links sitzt erwartungsvoll Hippokrates. Asklepios selbst schickt sich gerade an, über einen kleinen Steg an Land zu gehen. (Bei ihren Ausgrabungsarbeiten haben die Italiener eine ganze Reihe ausgezeichneter Mosaiken freigelegt, den größten Teil davon aber barbarischerweise nach Rhodos gebracht, um den Großmeisterpalast damit zu schmücken; vgl. auch S. 41).

Von den Skulpturen sind besonders bemerkenswert eine kleine Statuette des von Apollon geschundenen Marsyas, eine Kopie der berühmten vielbrüstigen Artemis von Ephesos, der ausdrucksstarke Kopf eines sterbenden Kriegers sowie die Kolossalstatue eines Denkers, der als Hippokrates gedeutet wird. Das Museum ist Dienstag geschlossen.

Statue des Hippokrates

Lodgia am Platanenplatz

Kopie der vielbrüstigen Artemis

Das Grabungsgebiet um die Agora

Die Ausgrabungen im Hafenviertel
Durch ein Tor an der Ostseite des Elefterias-Platzes, die Porta tou Forou, erreichen wir eine kleine Straße, die Porfiriou, die parallel zum Grabungsgebiet verläuft. Hier kann man in gemütlichen Tavernen und Kafenions sich vor oder nach der Besichtigung ausruhen, und hier befindet sich auch der Eingang zur antiken Stadt, vereinfacht *Agora* genannt.
Das Grabungsgebiet ist außerordentlich verwirrend und beeindruckt im wesentlichen durch seine Ausdehnung. So war allein die *eigentliche Agora* (Markthalle) mit einer immensen *Säulenhalle* von 150 m Länge und 82 m Breite geschmückt. Von

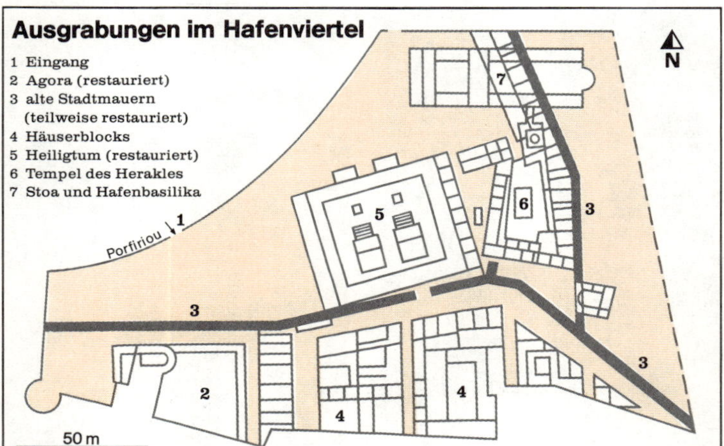

dieser Stoa, von der antiken Stadtmauer, von den Tempeln, Läden und Häusern und einer frühchristlichen Basilika sind nur Reste zu sehen, denn in den Jahren 142, 469 und 554 suchten verheerende Erdbeben die Insel heim. Der Fachmann kann versuchen, Ruinen aus neun Jahrhunderten zu identifizieren, der Laie wird sich mit einem Spaziergang durch das Gelände begnügen.

Der Hippokrates-Platanenplatz (e)

Am Nordostende der Agora liegt der Platanenplatz, benannt nach einer riesigen Platane, unter der angeblich schon Hippokrates gelehrt haben soll (über Hippokrates und seine Lehre vgl. S. 78f.). Das ist zwar nicht sehr wahrscheinlich, aber zweifellos gehört die liebevoll gestützte Platane zu den ältesten Bäumen Europas. Bemerkenswert sind ferner ein türkischer Brunnen, dessen Wasser in einen antiken Sarkophag fließt, und die (geschlossene) *Moschee des Gazi Hasan Pascha* ((f), 1786).

Das Kastell

Vom Platanenplatz gelangt man über eine Brücke, die den Wassergraben überspannt, in die gewaltige Ritterfestung, die Stadt und Hafen beherrscht.

Nach dem 4. Kreuzzug (1204) gerieten die Dodekanes-Inseln unter wechselnde Herrschaften (vgl. S. 7), die damit endeten, daß sich die Ritter des Johanniterordens 1309 der Insel Rhodos und 1314 der Insel Kos bemächtigten (über die Johanniter vgl. S. 31). Unter dem Eindruck der türkischen Expansion begannen sie 1391 mit der Errichtung der immensen Anlage und bauten jahrhundertelang geradezu verzweifelt weiter – letzten Endes vergeblich. Denn nachdem die Türken 1522 Rhodos erobert hatten, mußten die Ritter natürlich auch den Vorposten Kos räumen.

Die ausgezeichnet restaurierten Wälle sind begehbar (Öffnungszeiten wie Museum) und bieten großartige Ausblicke auf Stadt und Hafen.

Das Kastell

Die Ausgrabungen im Südwesten der Stadt

Sie befinden sich zwischen der Grigoriou- und der Theologoustraße und wurden erst nach dem Erdbeben von 1933 freigelegt (s. Plan Seite 77). Prinzipiell gilt für sie das gleiche wie für die Ausgrabungen im Hafenviertel.

Betritt man das Gebiet von der Grigorioustraße aus (bei der Anapafseosstraße ①), kommt man zunächst zu der parallel zur Grigorioustraße verlaufenden *Decumana* ②, einer Prachtstraße aus dem 3. Jh. n. Chr. Rechter Hand lag die antike *Akropolis,* an deren Stelle heute ein einsames Minarett steht. Unterhalb befinden sich einige schlecht erhaltene und nur notdürftig geschützte Häuser (③, ④, ⑤), von denen einige mit Fresken, andere mit Mosaiken geschmückt sind. Das köstlichste Beispiel ist zweifellos die *Europa auf dem Stier* ⑤, vermutlich ein Werk aus dem 2. Jh. n. Chr. Offensichtlich hat die phönizische Prinzessin, die unserem Erdteil den Namen gab, keine Angst vor dem in einen Stier verwandelten Zeus. Weniger erschreckt als erstaunt liegt sie nackt hingegossen auf dem Rücken des begehrlichen Gottstiers, der sie nach Kreta entführen wird.

Weiter westlich kommt man in das wesentlich besser ausgegrabene Gebiet, das von einer Nord-Süd-Straße ⑥ durchschnitten wird. Am interessantesten sind hier *Badeanlagen,* über denen eine *Basilika* ⑦ errichtet wurde, von der noch das Taufbecken und Teile des Altarraums erhalten sind, außerdem öffentliche (elegante) Toiletten sowie das große *Gymnasion* (*Xystos,* ⑧), von dessen 81 dorischen Säulen 17 wieder aufgerichtet sind. In unmittelbarer Nähe des Gymnasions wieder eine große *Badeanlage* ⑨ und auf der anderen Seite der Straße ein *Forum* ⑩ mit *Resten einer Stoa* ⑪. Am Nordende des Gebietes stehen einige überdachte Häuser mit wertvollen Mosaiken, die aber zu ihrem Schutz mit Sand bedeckt sind. Von den vielen Häusern und Läden sind nur Grundmauern zu erkennen.

Die Säulen des Gymnasion

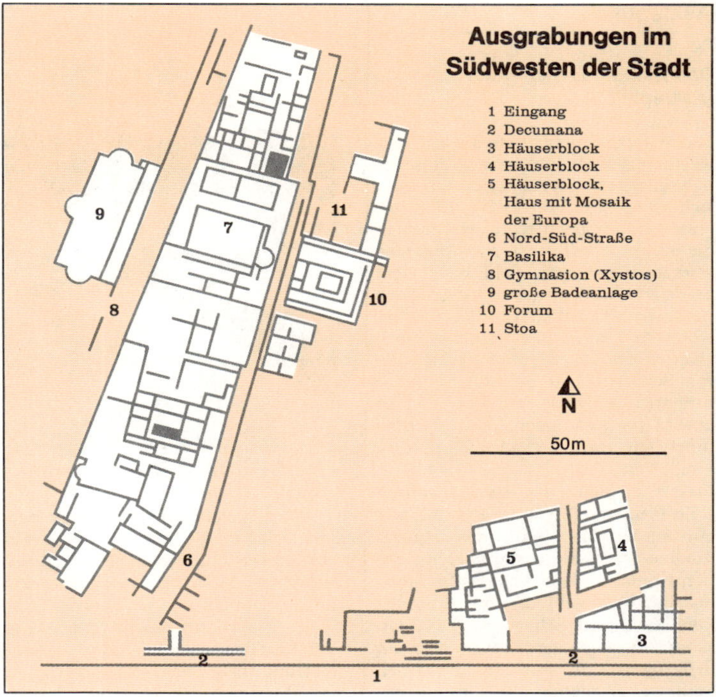

Die Casa Romana (g)

Unweit vom Eingang zu den Ausgrabungen im Südwesten der Stadt, östlich der Anapafseosstraße, findet man die Casa Romana (Öffnungszeiten wie im Museum). Ein äußerlich unscheinbares Gebäude, das man aber unbedingt besuchen sollte. Hier wurde nämlich eine römische Villa aus dem 3. Jh. n. Chr. rekonstruiert. Sie zeigt, mit welchem Komfort sich die reichen Römer umgaben, die das liebliche Kos wegen seines angenehmen Klimas und seiner leichten Lebensart außerordentlich schätzten. Während von den meisten Häusern auf Kos nur spärliche Grundmauern übriggeblieben sind, kann man sich hier ein anschauliches Bild vom wirklichen Lebensstil machen. Die weitläufige Anlage gliedert sich um einige offene Innenhöfe (Atrien), die mit prachtvollen Mosaiken geschmückt sind.

Vor der Casa Romana gibt es Reste weitläufiger Thermen.

Das Römische Odeon (h)

Es liegt ebenfalls an der Grigorioustraße, aber in westlicher Richtung. In der von den Italienern stark restaurierten Anlage, die in der Antike als Rednerbühne diente, finden heute auch Musik- und Theateraufführungen statt. Kos besaß in hellenistischer Zeit noch drei weitere Theater, deren Besuch aber kaum lohnt; sie zeigen jedoch, wie wohlhabend und lebenslustig die Stadt gewesen sein muß.

Das Asklepios-Heiligtum (Asklepieion)

Das Asklepieion liegt etwa 4 km südwestlich der Stadt auf einem pinienbewachsenen Hügel und erstreckt sich über drei Terrassen. Man erreicht es am leichtesten, wenn man die schon erwähnte Grigorioustraße stadtauswärts fährt. Bald nach dem Stadtrand kommt man zu dem noch heute hauptsächlich von Türken bewohnten Ort *Platani,* benannt nach zwei mächtigen Platanen, unter deren Schatten sich trefflich Kaffee – und auch anderes – trinken läßt. An einem internationalen Institut vorbei führt eine Zypressenallee dann zum Heiligtum.

Das Asklepieion ist das archäologische Prunkstück von Kos – und war jahrhundertelang eine der Hauptquellen seines Reichtums. Denn neben Epidauros war Kos das berühmteste Asklepios-Heiligtum der antiken Welt. Möglicherweise brachten schon die dorischen Einwanderer im 9. Jh. den Kult mit auf die Insel. Seine überragende Bedeutung gewinnt der Asklepios-Kult aber erst im 5. und vor allem im 4. Jahrhundert, und es ist sicher kein Zufall, daß eben in diese Zeit Leben und Wirken des berühmtesten Arztes, des Hippokrates (460–377 v. Chr.), fällt. Mit beiden Namen verbinden sich Assoziationen, die bis in unsere Zeit reichen. Noch heute führen die Ärzte den Äskulapstab als eine Art Zunftzeichen und fühlen sich dem Hippokratischen Eid verpflichtet.

Asklepios wurde als Sohn Apollons verehrt und soll von dem weisen Kentauren Chiron die Heilkunst erlernt haben. Dies ist ein deutlicher Hinweis darauf, daß Medizin nicht als rein naturwissenschaftliche Disziplin betrachtet wurde, sondern eben als Kunst, daß die Priester-Ärzte in den Asklepios-Heiligtümern

Korinthischer Tempel (2. Terrasse)

– die ja gleichzeitig groß angelegte Sanatorien waren – genau das praktizierten, was man heute als psychosomatische Medizin wiederentdeckt hat: die Heilung von Körper *und* Seele. Im Traum erschien der Gott dem Leidenden und gab die heilende Weisung. Es ist klar, daß die erfahrenen Priester-Ärzte aus ihrem Wissen heraus die Träume deuteten und darauf – zusammen mit dem organischen Befund – ihre Therapie aufbauten.

Asklepiaden nannten sie sich, Nachfahren des Asklepios. Der berühmteste von ihnen war Hippokrates, der als der eigentliche Vater der abendländischen Medizin gilt, und seine grundsätzlichen Forderungen sind bis heute gültig: genaue Beobachtung der menschlichen Natur, exakte Beschreibung der Krankheitssymptome und strenge logische Schlußfolgerung. So ergänzte Hippokrates die psychotherapeutische Heilmethode durch naturwissenschaftliches Denken und erprobte Erfahrungswissenschaft.

Wie gesagt, geht auf Hippokrates – oder zumindest auf seine Schule –

der nach ihm benannte Eid zurück, aus dem hier wenigstens die Kernsätze zitiert seien. Nach einer Präambel, die das ausgeprägte Standesbewußtsein der Ärzte schon in der Antike belegt, folgen die entscheidenden Forderungen, die bei allen Göttern und Göttinnen beschworen wurden:

„Diätetische Maßnahmen werde ich treffen zu Nutz und Frommen der Kranken nach meinem Vermögen, drohen ihnen aber Fährnis und Schaden, so werde ich sie davor zu bewahren suchen. Auch werde ich keinem, und sei es auf Bitten, ein tödliches Mittel verabreichen noch einen solchen Rat erteilen, desgleichen werde ich keiner Frau ein abtreibendes Mittel geben. Lauter und fromm will ich mein Leben gestalten und meine Kunst ausüben. In alle Häuser, in die ich komme, will ich gehen zu Nutz und Frommen der Patienten und mich fernhalten von jedem vorsätzlichen und schadenbringenden Unrecht. Was ich aber während der Behandlung sehe oder höre, das will ich verschweigen, indem ich es als ein Geheimnis bewahre."

Die Gesamtanlage stammt im wesentlichen aus dem 3. Jh. v. Chr. Auf der untersten Terrasse fanden Festaufführungen statt (also auch hier eine Parallele zu Epidauros). Die großen Backsteingebäude auf der linken Seite sind Thermen, Badeanlagen aus römischer Zeit. Die Terrasse wird durch eine Mauer mit Nischen abgeschlossen, in denen Götterstatuen und Weihebilder aufgestellt waren. Links neben dem Aufgang zur zweiten Terrasse eine Quelle mit einer Pan-Skulptur. Die zweite Terrasse war die eigentliche Ebene der Tempel: der Altar des Asklepios im Zentrum (350 v. Chr.), daneben ein korinthischer Tempel und ein Tempel

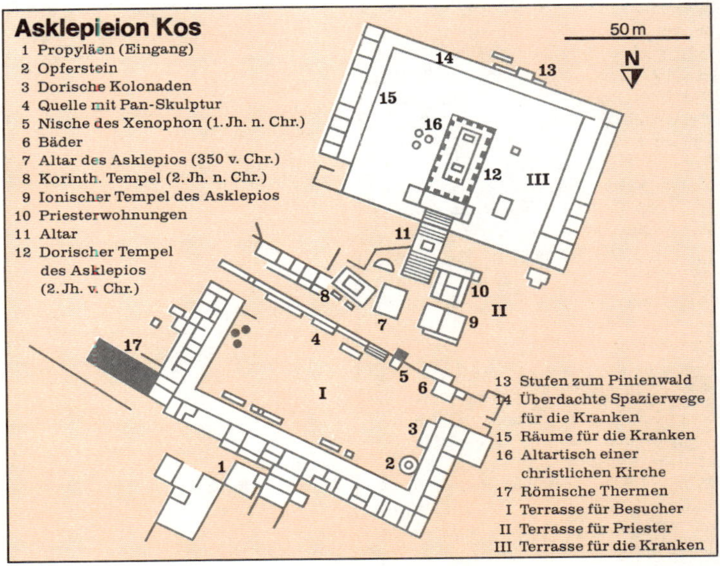

des Asklepios in ionischer Ordnung sowie die Wohnungen für die Priester. Über eine weitere Freitreppe gelangt man auf die dritte Terrasse, die einen herrlichen Blick auf das Kap Skandari und die Bucht von Kos bietet. Hier befinden sich der aus dem 2. Jh. stammende dorische Asklepios-Tempel (der in christlicher Zeit in eine Marienkirche umgewandelt wurde) sowie Gebäude und Säulenhallen für die Kranken. Das Asklepieion wurde 1901 durch R. Herzog und J. Zarraffis entdeckt. Die Restaurierungen stammen aus der italienischen Zeit.

Heute geh'n wir aus

Restaurants: Chateau (Elefterias-Platz), Chevalier (Vas. Georgiou 4), Platon (Arseniou 3), Faro (beim Leuchtturm), Bristol (Vas. Georgiou 6), 13 Restaurant (Artemissias 9a), Egli (Elefterias-Platz).

Tavernen muß man sich eigentlich selber suchen. Oft sind die unscheinbarsten die besten. Hier ein paar Adressen: Harama (Kanar/Profirioustr.), Iviscos (Ende der Vas. Georgioustr.), Platanos (Hippokrates-Platanenplatz), Mavromatis (Psalidi), die kleinen Tavernen an der Profirioustr. entlang der Agora und viele andere. In den Tavernen von Tingaki, Marmari, Mastichari und Kardamena bestelle man am besten Fische und anderes Meeresgetier.

Diskotheken: Heaven (Zouroudistr. 5), Cailua (Zouroudi 5), Apollo 1 (Kleopatras 1 – im Winter); *Night Clubs mit Bouzoukimusik:* Apollo 2, Hellas (3 km außerhalb von Kos).

Kleiner Einkaufsbummel: Typische Erzeugnisse der Insel sind Web- und Stickarbeiten und Keramik. Wegen der Zollerleichterungen sind ausländische Spirituosen verhältnismäßig billig.

Hinweis: Alle wichtigen Informationen finden sich in dem ausgezeichneten Magazin „Where and How“ (dreisprachig: deutsch, englisch, schwedisch).

Inselrundfahrt

Wir verlassen Kos in südlicher Richtung auf der Straße nach Antimachia/Flugplatz. Nach etwa 12 km (kurz hinter Zipari) zweigt rechts eine Straße nach *Tingaki* ab, wo ein fast endloser Sandstrand und gute Tavernen locken. Hier kann man einen geruhsamen Badetag verbringen (da die Straße fast eben ist, kann man Tingaki auch mit dem Fahrrad gut erreichen). Kurz vor Antimachia biegen wir nach rechts ab und erreichen schnell *Mastichari,* einen kleinen Ort mit einer Sandbucht, Tavernen und einem schönen Blick auf die Insel Kalymnos.

Zurück auf die Hauptstraße führt kurz vor Antimachia eine kleine (beschilderte) Straße zum *Kastell von Antimachia,* der zweiten großen Ritterfestung, erbaut im 14./15. Jh. Sie ist bei weitem nicht so gut erhalten wie das Hafenkastell (und überhaupt nicht restauriert), imponiert aber immer noch durch ihre Größe. Wer Sinn für Ruinen und Romantik hat, sollte sich den kleinen Abstecher nicht entgehen lassen. *Antimachia* selbst ist touristisch nur insoweit interessant, als hier der neue, gut ausgebaute Flugplatz von Kos liegt. Wir folgen weiter der Hauptstraße Richtung Kefalos.

Nach etwa 10 km zweigt nach links eine Straße zum Meer ab, zu einem herrlichen Sandstrand, der nicht umsonst allgemein als *Paradies* bezeichnet wird. Die Straße nähert sich nun immer mehr der Küste und nach ein paar Kilometern liegt unübersehbar der große Hotelkomplex des *Club Méditerranée* vor uns. Hier biegen wir nach links ab, denn wenige Schritte vom Hotel entfernt stehen die Reste von zwei ineinander gebauten frühchristlichen Basiliken: *Agios Stefanos.* Die Ruinen von Ag. Stefanos sind die am besten erhaltenen

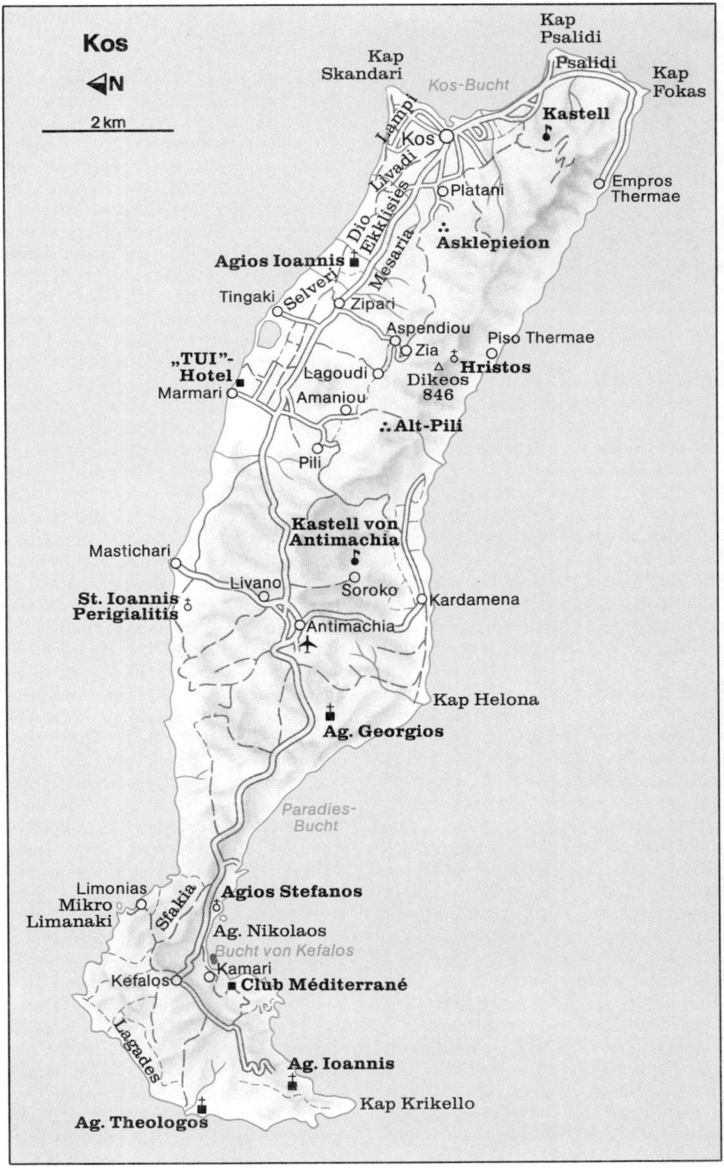
Kos
N
2 km
Kap
Psalidi
Kap
Skandari
Psalidi
Kap
Fokas
Kos-Bucht
Lampi
Kastell
Kos
Livadi
Empros
Thermae
Ekklisies
Platani
Dio
Asklepieion
Agios Ioannis
Mesaria
Selveri
Tingaki
Zipari
Aspendiou
Piso Thermae
Zia
„TUI"-
Hotel
Hristos
Lagoudi
Dikeos
846
Marmari
Amaniou
Alt-Pili
Pili
Kastell von
Antimachia
Mastichari
Livano
Soroko
St. Ioannis
Perigialitis
Kardamena
Antimachia
Kap Helona
Ag. Georgios
Paradies-
Bucht
Limonias
Sfakia
Agios Stefanos
Mikro
Limanaki
Ag. Nikolaos
Bucht von Kefalos
Kamari
Kefalos
Club Méditerrané
Lagades
Ag. Ioannis
Kap Krikello
Ag. Theologos

Agios Theologus

frühchristlicher Kirchen auf Kos und schon deswegen einen Besuch wert. Die Fußbodenmosaiken sind aus Schutzgründen mit einer Sandschicht bedeckt, doch ist der Wärter bereit, ein bißchen Sand wegzufegen. Von Agios Stefanos hat man einen schönen Blick auf das gegenüberliegende Inselchen *Ag. Nikolaos* und die Bucht von Kefalos mit schönem Strand. In dem Bergdorf *Kefalos* dreht sich auf der Höhe die einzige Windmühle, die auf Kos noch in Betrieb ist. Unterhalb von Kefalos liegt das Fischerdörfchen *Kamari* mit hübschen Tavernen an einer Sandbucht. Organisierte Rundfahrten enden in Kefalos. Wer den praktisch unbewohnten südlichsten Teil der Insel besuchen will, mietet sich am besten einen geländegängigen Wagen, da die Straßen hier noch nicht gut ausgebaut sind. Außer menschenleeren Buchten findet man hier in völliger Einsamkeit die Kirchen des hl. Johannes *(Ag. Ioannis)* und des Johannes des Theologen *(Ag. Theologos)*, gegründet übrigens von dem seligen Theodoulos, der später das Johanneskloster auf Patmos erbaute.

Etwas südlich von Kefalos deuten einige Ruinen darauf hin, daß sich hier einst Astypalia befand, die vor dem Zusammenschluß von 366 v.Chr. größte Stadt der Insel (s. S. 69). Zurück nach Antimachia. Von dort aus kann man in östlicher Richtung *Kardamena* besuchen, ein Fischerdörfchen, das sich in den letzten Jahren zu einem ausgesprochenen Bade- und Touristenort entwickelt hat. Auf nicht asphaltierten, aber landschaftlich reizvollen Straßen kommt man von Kardamena nach *Pili,* einem neu erbauten Ort, in dem nahe beim Ortseingang eine Art antiker Krypta zu besichtigen ist, das *Charmyleion,* geweiht einem antiken Heros gleichen Namens, von dem aber sonst nichts bekannt ist. Darüber ist die kleine Stavroskirche erbaut. Wer über Interesse, gutes Schuhwerk und einige Energie verfügt, durchfährt Pili bis *Amaniou* und unternimmt von dort aus eine Wanderung nach *Alt-Pili* (Palaiopili), einem heute unbewohnten Ort, wo er außer Resten der einstigen Befestigung drei altbyzantinische Kirchen mit gut erhaltenen Fresken finden wird. Von Pili (oder leichter und auf besserer Straße von Zipari aus) kann man weiterfahren zu den malerischen Bergdörfern *Aspendiou, Lagoudi* und *Zia.* Von Zia aus läßt sich auch der höchste Berg der Insel, der 846 m hohe Dikeos, besteigen, dessen Gipfel eine herrliche Aussicht bietet.

Fährt man von der Hauptstadt ostwärts, so findet man fast bis zum *Kap Psalidi* unzählige Hotels, Restaurants und Tavernen. Die Straße verläuft fast parallel zum Strand – teils Kies-, teils Sandstrand. Dann wird es einsam bis zum *Kap Fokas,* mit einer Sandbucht (und dem Hotel Dimitrias) und schönen Blickpunkten auf die türkische Halbinsel Knidos. Nach Fokas wird es bergig und kurvig, doch kann man noch weiterfahren. Kurz vor dem Ende der Straße führt nach links eine Sandstraße hinunter zu einer schönen Bucht, die wegen einer kleinen Heilquelle *Empros Thermae* genannt wird (Badegelegenheit mit Taverne).

Sport und Spiel

Besonders schön sind die Strände von Tingaki und der Paradies-Strand, aber es gibt auch viele herrliche kleine Strände auf der ganzen Insel.

In dem großen Bade- und Sportzentrum, das sich westlich von Kos-Stadt bis Faros hinzieht; in Kardamena; in der Bucht von Kefalos.

Überall auf der Insel, besonders auf der einsamen Halbinsel südlich von Kefalos.

Radfahren ist auf Kos sehr beliebt, da die Straßen (vor allem in der Umgebung der Stadt) fast eben sind. Sowohl das Asklepieion, Faros oder die Strände von Tingaki (im Süden und Südwesten der Insel) sowie das Kap Psalidi, Fokas und Empros Thermae (im Osten der Insel) sind ohne große Anstrengung per Fahrrad erreichbar.

Bergsteigen auf Kos ist sehr zu empfehlen; eine Besteigung des 846 m hohen Dikeos dauert von Zia aus ca. 1 Stunde.

Nur auf hoteleigenen Anlagen (Hartplätze).

Inselchen Agios Nikolaos

Jagd auf Rebhuhn, Hasen, Wildkaninchen, Wachteln, Tauben, Schnepfen (zwischen 15.9. und 10.3.; Genehmigung erforderlich).

In allen größeren Hotels.

Ausflüge von der Insel Kos

Kos ist ein geradezu idealer Ausgangspunkt für Tagesausflüge auf die umliegenden Inseln:
Rhodos ist mit Tragflügelbooten in zwei Stunden erreichbar.
Patmos, die heilige Insel der Orthodoxie mit der großartigen Klosterburg, die im 11. Jh. vom seligen Christodoulos aus Kos gegründet wurde, besitzt auch eine malerische Chora, die sich um das Kloster schmiegt, und die Grotte, in welcher der heilige Johannes die Apokalypse verfaßt haben soll.
Kalymnos ist die einzige Insel, auf der Schwammfischerei noch in erheblichem Umfang betrieben wird; sie ist von Touristen noch nicht überlaufen und im Inneren landschaftlich außerordentlich reizvoll.
Schließlich *Nisyros,* die Insel, die durch einen großen Vulkanausbruch (413 v. Chr.) in eine Art großen Eierbecher verwandelt wurde. Mit Bus und Taxi kann man über bergige Straßen zu dem großen Krater hinauffahren (und in den Krater hinuntersteigen), aus dem noch heute Schwefelgase ausströmen. Ein Ausflug in eine Urlandschaft.
Boddrum, das antike Halikarnassos, auf der gegenüberliegenden türkischen Küste, ist ebenfalls leicht erreichbar, doch gelten für Charterfluggäste besondere Bestimmungen, die einen Ausflug ins Ausland unter Umständen verbieten und z. B. im Jahr 1984 sehr streng ausgelegt wurden und vielen Ärger verursachten. Erkundigung über die aktuelle Situation ist also unbedingt notwendig.

Was man gerne wissen möchte

Tourismus

Seit dem Ende des Zweiten Weltkriegs hat sich der Tourismus stürmisch entwickelt. Jährlich besuchen etwa 600 000 Fremde Rhodos, das 12% des gesamten griechischen Fremdenverkehrs an sich gezogen hat. 1985 stehen etwa 33 000 Hotelbetten jeder Kategorie zur Verfügung. Mit Ausnahme der beiden Alpenhotels auf dem Profitis Ilias (die nur im Hochsommer geöffnet sind) befinden sich alle Hotels in der Hauptstadt, an der Westküste (bis Trianda und Kremasti) oder an der Ostküste (Kalithea, Faliraki). In der Bucht 3,5 km vor Lindos gibt es auch zwei Hotels. Sonst bieten kleine Pensionen und Privatquartiere Übernachtungsmöglichkeiten.

Hotels in der Stadt haben den Vorteil guter Verkehrsverbindungen, den Nachteil, daß sie meistens lärmgestört sind, teils durch den Auto- und Motorrollerverkehr, teils durch Musik aus Tavernen oder hoteleigener Bands.

Der Tourismus auf Kos ist jüngeren Datums (etwa ein Drittel der Gäste von Rhodos). Die Insel ist nicht nur kleiner, sondern auch stiller, bietet jedoch jeden Komfort.

Klima

Rhodos und Kos gelten zu Recht als Sonneninseln. Von Mai bis Oktober scheint beinahe ununterbrochen die Sonne, so daß die Inseln auf etwa 3250 Stunden Sonne im Jahr kommen. Trotzdem ist es selbst im Hochsommer nicht unerträglich heiß, weil der fast ständig wehende Meltemi (ein Nordwestwind) für angenehme Kühlung sorgt.

Einreiseformalitäten und Zollbestimmungen

Die Einreisebestimmungen sind schmerzlos, für Deutsche genügen Paß oder Personalausweis.

Die Zollbestimmungen entsprechen den international üblichen. Frei sind alle Gegenstände zum persönlichen Gebrauch; Photo- und Filmausrüstung samt einer vernünftigen Anzahl Filme, 300 Zigaretten, 1½ l Spi-

Durchschnittswerte

Temperaturen:	April	Mai	Juni	Juli	Aug.	Sept.	Okt.
tags	20	23	26	30	33	29	25
nachts	15	19	22	24	23	22	20
Wasser	17	19	21	22	24	24	23

rituosen. Devisen und Reiseschecks können in beliebiger Menge eingeführt werden. Nach den Zollbestimmungen müssen Beträge über 500 US-$ deklariert werden. Es dürfen aber nur 3000 griechische Dr. ein- und ausgeführt werden. Die Ausfuhr von antiken Kunstgegenständen ist grundsätzlich verboten.

Vorbereitende Einkäufe in Deutschland

Dank des starken internationalen Reiseverkehrs gibt es auf Rhodos und Kos fast alles, was man üblicherweise braucht oder haben will. Trotzdem ist es ratsam, spezielle Dinge selbst mitzubringen, da alle Artikel, die eingeführt werden müssen, in Griechenland zum Teil erheblich teurer sind. Das gilt insbesondere für Filmmaterial und Kosmetika jeder Sorte. Sehr wichtig ist eine genügende Menge wirklich guter Sonnenschutzmittel. Rhodos liegt auf der Höhe von Nordafrika, die Sonne hat also eine entsprechende Kraft! Sie wirkt um so heimtückischer, als man sie durch den ständigen Wind meist erst spürt, wenn es zu spät ist. Medikamente siehe Reiseapotheke.
Besondere Kleidung ist nicht erforderlich. Man nehme mit, was leicht, bequem und erholsam ist. In den großen Hotels wird im allgemeinen erwartet, daß man zum Abendessen nicht in Strandkleidung erscheint. Wer mit dem Schiff nach Rhodos kommt, braucht – auch im Hochsommer – für die Schiffsreise Wollsachen und Regenmantel. Natürlich alle Badeutensilien. Wer auch in Felsbuchten baden will, sollte wegen der spitzen Klippen und der stacheligen Seeigel Badeschuhe nicht vergessen. Hingegen müssen Tauchermasken, Schwimmflossen und Schnorchel nicht unbedingt mitgebracht werden. Sie sind in Rhodos etwa zu unseren Preisen zu haben, und es ist im Zweifelsfall billiger, sie am Ort zu kaufen, als teures Geld für Übergewicht zu zahlen.
Wichtig sind gute Schuhe. Wer seine Spaziergänge nicht auf den Weg vom Hotel zum Strand beschränken will, braucht bequeme Schuhe mit dicken Sohlen. Sehr bewährt sind Ledertennisschuhe mit dicken Gummisohlen oder Leichtbergschuhe.

Währung und Preise

Grundeinheit der griechischen Währung ist die Drachme, geteilt in 100 Lepta.
Geldwechsel ist kein Problem. Die Rezeptionen der größeren Hotels sind meist dazu bereit, verlangen aber dafür im allgemeinen eine Gebühr, außerdem natürlich die Banken: Bank of Greece (am Mandraki-Hafen) und National Bank of Greece (am Cypernplatz).
Griechenland ist dem eurocheque-Verfahren angeschlossen, d.h., daß gegen Vorweis der Scheckkarte einer deutschen Bank auch normale deutsche Schecks bis zu einer Höhe von 400,– DM pro Scheck eingelöst werden. Reiseschecks oder DM werden in den Hotels und den größeren Geschäften von Rhodos meist direkt in Zahlung genommen.

Trinkgelder

werden natürlich erwartet und machen wie überall auf der Welt das Leben leichter. Man klammere sich nicht daran, daß in den Pauschalreisen das Trinkgeld eingeschlossen ist; richtiger müßte es heißen: das Bedienungsgeld. Aber so wie man auch bei uns über die Inklusivpreise hinaus einen guten Service durch ein spezielles Trinkgeld honoriert, sollte man es auch auf Rhodos halten. Man kann nicht davon ausgehen, daß Hoteliers das in den Pauschalpreisen eingeschlossene Bedienungsgeld an das Personal weitergeben. Andererseits ist das Personal meist nur während der Saison beschäftigt; von den Einnahmen aus vier bis fünf Monaten muß also eine Familie oft ein ganzes Jahr leben. Davon abgesehen ist es gar nicht unbedingt die Höhe des Trinkgeldes, die entscheidet, sondern die damit verbundene Anerkennung für anstrengende Arbeit.

Öffnungszeiten

Geschäfte sind gewöhnlich von 8–13 Uhr und von 17–20 Uhr geöffnet, die Behörden von 8–13 Uhr. Mittwoch nachmittag ist alles geschlossen, sonntags haben nur Souvenirläden geöffnet.
Museen sind in Griechenland in der Regel am Dienstag geschlossen. Die Öffnungszeiten für die Museen und archäologischen Stätten wechseln leider so häufig, daß man sich auf jeden Fall erkundigen muß (Hotels, Reiseleitung, EOT, Touristenpolizei geben Auskunft).

Photographieren und Filmen

ohne Stativ in Museen und archäolog. Stätten ist gegen Gebühr erlaubt. Für Photographieren und Filmen mit Stativ (und/oder Kunstlicht) ist eine Sondergenehmigung erforderlich, die rechtzeitig bei den Außenstellen der Generaldirektion der Altertümer *(Efories klassikon* und *Byzantinon Archaiotiton in Athen)* bzw. bei der zuständigen Eforia in Rhodos (Ritterstraße) beantragt werden muß.

Gottesdienste

Rhodos: Katholisch: St. Maria, sonntags 10 Uhr; werktags 8 und 11 Uhr.
San Francesco, nur sonntags 10 Uhr.
Evangelisch: jeden Sonntag 10 Uhr im Saal der Katholischen Akademie (beim Hotel Esperia).
Griechisch-orthodox: jeden Sonntag 7.30 Uhr in der Evangelismos-Kirche am Mandraki-Hafen.

Kos: Griechisch-orthodox: In den vier Kirchen im Zentrum, Messen zwischen 7 und 10 Uhr

Post

Die Postämter sind von 8 bis 13 und von 16 bis 20 Uhr geöffnet.
Das Amt für Telefon und Telegramme (O.T.E.) ist von 8 bis 24 Uhr, samstags von 8 bis 16 Uhr geöffnet.
Die Vorwahl nach Deutschland lautet: 00 49
Normalpost dauert lange, es ist deshalb zu empfehlen, nur per Luftpost zu schreiben.

Gepäckversicherung

Die Fluggesellschaften haften nach Maßgabe der gesetzlichen Bestimmungen. Eine zusätzliche Gepäckversicherung, evtl. auch eine Flugunfallversicherung und eine Flugrückholversicherung (von vielen Gesellschaften als Gesamtpaket angeboten), ist unbedingt zu empfehlen. Überzeugen Sie sich sofort nach der Ankunft, ob Ihr Gepäck vollständig und unbeschädigt eingetroffen ist. Verlust oder Beschädigung unverzüglich der Fluggesellschaft und der Reiseleitung mitteilen.

Anreise

Rhodos und Kos verfügen über gut ausgebaute Flughäfen. Man kann beide Inseln also nicht nur über Athen, sondern mit Chartermaschinen auch von vielen Orten Europas aus direkt anfliegen. Schiffsverbindungen gibt es von Piräus, zwischen Rhodos und Kos und zu den umliegenden Inseln mit Fährschiffen und Tragflügelbooten.
Wer mit Chartermaschinen einfliegt, hat vor allem darauf zu achten, daß die Gewichtsgrenze (20 kg) keinesfalls überschritten werden darf. Übergepäck wird auch gegen Aufzahlung nicht befördert! Mantel, Photoapparat, Fernglas, Reiselektüre sind dabei

nicht berücksichtigt, sondern können in die Maschine mitgenommen werden.
Wer eine IT-Reise gebucht hat oder privat fliegt, kann Übergewicht haben, muß es aber (teuer) bezahlen. Bei Privatreisen muß man in Athen zwischenlanden und mit Bus oder Taxi vom internationalen Flughafen zum Olympic Airways Flughafen fahren. In diesem Fall muß man sein Gepäck bei der Olympic Airways neu aufgeben.
Die Entfernung vom Flughafen zur Stadt Rhodos bzw. Kos beträgt 18 km bzw. 14 km. Transport mit Bus oder Taxi. Bei Pauschalreisen ist für den Transport gesorgt.

Reiseapotheke

Die meisten der international üblichen Medikamente sind auf Rhodos zu haben. Trotzdem sollte man sich nicht darauf verlassen, sondern eine kleine Reiseapotheke mitnehmen. Sie sollte enthalten:
Mittel gegen Reisekrankheiten (vor allem Seekrankheit);
schmerzlindernde und fiebermindernde Medikamente;
Kopfwehtabletten;
evtl. Schlafmittel;
Medikamente gegen Magen- und Darmstörungen.
Die Reiseapotheke gehört ins Handgepäck.
Wer aus irgendwelchen Gründen auf spezielle Medikamente angewiesen ist, sollte sich auf jeden Fall den ganzen Urlaubsvorrat von seinem Arzt verschreiben lassen und mitnehmen. Apotheke heißt griechisch Pharmakeion und ist kenntlich an einem roten oder grünen Kreuz (am Neuen Markt gegenüber dem Mandraki-Hafen und am Museumsplatz). Im allgemeinen kann man voraussetzen, daß Apotheker mindestens eine fremde Sprache verstehen (Englisch, Italienisch, Französisch, Deutsch).

Versorgung bei Krankheit

Niemand wird es sich wünschen, aber niemand ist gegen Krankheit oder Unfall gefeit.
Man lasse sich privat behandeln und lege die Rechnung zu Hause bei der eigenen Krankenkasse vor. Eine Behandlung in der zweiten Klasse des Krankenhauses entspricht etwa einer Behandlung in der dritten Klasse in Deutschland. Es ist empfehlenswert, sich vor der Abreise bei der eigenen Krankenversicherung zu erkundigen, welche Arzt- und Krankenhauskosten rückvergütet werden. Gegebenenfalls schließe man für die paar Urlaubswochen eine eigene Auslandskrankenversicherung ab.
Hoteldirektion bzw. Reiseleitung werden im Krankheitsfall immer gern helfen und alles Nötige organisieren.
Umtausch deutscher Krankenscheine ist möglich (beim I.K.A.), aber zeitraubend. Bei Behandlung auf Krankenschein ist der Arzt vorgeschrieben.

Stromspannung

Im allgemeinen ist auf Rhodos und Kos 220 V Wechselstrom, es gibt aber auch 110 V WS. Man erkundige sich also im Hotel (oder betrachte eine Glühbirne), bevor man einen Rasierapparat ansteckt. Auch die Steckdosen sind verschieden. Bei dreipoligen Steckdosen funktioniert der Eurostecker, mit dem die meisten deutschen Rasierapparate ausgerüstet sind, im allgemeinen schon. Für zweipolige Steckdosen benötigt man einen Zwischenstecker.

Verkehrsmittel und Mietwagen

An öffentlichen Verkehrsmitteln gibt es auf Rhodos und Kos nur Omnibusse – denen man sich aber beruhigt anvertrauen kann. Man erreicht mit ihnen jedes Ziel in der Stadt und alle wichtigen Orte auf den Inseln.

Von den weiter entfernten Dörfern der Inseln kommt man aber nicht immer am gleichen Tag zurück, da die Busse dort über Nacht stehenbleiben. Die örtlichen Reisebüros veranstalten organisierte Fahrten zu den bekannten Ausflugszielen (mit deutschsprachiger Führung).

Zu den weniger bekannten, aber nicht minder interessanten Zielen kommt man nur mit Taxi oder Mietwagen. Wer genügend Zeit und Lust hat, die Inseln wirklich kennenlernen will, sollte sich mindestens zwei Tage auf die eigenen Füße bzw. Räder stellen.

Bei längeren Taxifahrten vereinbart man vor Beginn der Fahrt den Preis (notfalls mit Hilfe der Hotelrezeption).

Mietwagen bekommt man bei den internationalen und regionalen Agenturen. (Außerdem sind Hotel und Reiseleitung behilflich.) Nationaler Führerschein genügt. In Griechenland gelten die internationalen Verkehrsregeln, doch muß man immer damit rechnen, daß plötzlich Schafherden, Gespanne oder tollkühne Mopedfahrer auftauchen. Vor allem bei Nacht ist Vorsicht geboten. Vollkaskoversicherung ist in jedem Fall zu empfehlen. Vor Antritt der Fahrt prüfe man Lenkung, Reifen, Bremsen, Beleuchtung.

Mietwagen sind in Rhodos und Kos nicht ganz billig; bei einer Tagesstrecke von 150–200 km muß man mit etwa 100–150 DM rechnen.

Für kleine Ausflüge kann man sich überall in der Stadt Fahrräder ausleihen.

Wichtige Adressen

Auskünfte in Deutschland: Griechische Zentrale für Fremdenverkehr, Neue Mainzer Str. 22, 6000 Frankfurt/M. 1, Tel. 23 65 61/63; Pacellistr. 2, 8000 München 2, Tel. 22 20 35/36.

In Griechenland: Botschaft der BRD, Athen, Karaoli-Dimitrou Str. 3, Tel. 72 48 01.

Griechische Zentrale für Fremdenverkehr (EOT), Informationsbüro Athen, Karagiorgi Servias 2, Tel. 3 22 25 45 und 3 23 41 30.

Auf Rhodos: Deutsches Konsulat, Kennedy Str. 43, Tel. (02 41) 2 97 30; Griechische Zentrale für Fremdenverkehr (EOT), Arch. Makariou-Papagou Str., Tel. 02 41/2 36 55 und 2 32 55.

Literatur

Lawrence Durrell: Leuchtende Orangen, Rhodos – Insel des Helios, München 1964.

Ernle Bradfort: Die Griechischen Inseln, München 1973.

Ernst Jünger: Ein Inselfrühling. Tagebuch aus Rhodos, Stuttgart 1948.

E. Kirsten/W. Kraiker: Griechenlandkunde, Heidelberg 1967 (das zweibändige Standardwerk für archäologisch Interessierte).

Dagmar Nick: Einladung nach Rhodos, München 1975.

Die folgenden Seiten sollen in erster Linie den Lesern helfen, denen die griechische Sprache gänzlich fremd ist. Wer sich mehr Redewendungen und einen größeren Wortschatz aneignen möchte, dem sei der Polyglott-Sprachführer „Neugriechisch“ empfohlen, dem diese Seiten entnommen sind. Wer es noch genauer wissen möchte, der kaufe sich den Langenscheidt-Sprachführer und das Langenscheidt Universal-Wörterbuch „Neugriechisch“. Allen, die im Gymnasium Altgriechisch gelernt haben, bietet das Buch von Hans Eideneier „Neugriechisch für Humanisten“ (Heimeran Verlag, München) wertvolle Hilfe.

Kleiner Sprachhelfer

Auf den größeren Inseln, auf den Schiffen, bei Schiffsagenturen und Reisebüros, bei der Touristenpolizei und in den Hotels wird man immer jemanden finden, der englisch spricht. Auf den noch unerschlosseneren Inseln kann man sich darauf nicht unbedingt verlassen. Es ist also dringend zu empfehlen, sich wenigstens die griechischen Schriftzeichen und die allerwichtigsten Wörter und Redewendungen einzuprägen. Man sollte sich nicht ausschließlich auf die Verständigung „mit Händen und Füßen“ verlassen (obwohl sie meistens ganz gut klappt), sondern wenigstens nach dem Weg fragen und ein Essen bestellen können.

Das griechische Alphabet

Α	α	alfa	[a]	**Ι**	ι	jota	[i]	**Ρ**	ρ		ro	[r]
Β	β	wita	[w]	**Κ**	κ	kapa	[k]	**Σ**	σ	ς	ẞigma	[ẞ]
Γ	γ	ghama	[gh]	**Λ**	λ	lambda	[l]	**Τ**	τ		taf	[t]
Δ	δ	delta	[ð]	**Μ**	μ	mi	[m]	**Υ**	υ		ipsilo(n)	[i]
Ε	ε	epsilo(n)	[ä]	**Ν**	ν	ni	[n]	**Φ**	φ		phi	[f]
Ζ	ζ	sita	[s]	**Ξ**	ξ	xi	[x]	**Χ**	χ		chi	[ch, ch]
Η	η	ita	[i]	**Ο**	ο	omikro(n)	[o]	**Ψ**	ψ		psi	[ps]
Θ	ϑ	thita	[θ]	**Π**	π	pi	[p]	**Ω**	ω		omega	[o]

Allgemeines

Ja / Nein	nä *oder* ma'lißta / o'jchi	Ναί *oder* Μάλιστα / Ὄχι.
Bitte	parakalo'	Παρακαλῶ.
Danke	äfchariẞto'	Εὐχαριστῶ.
Guten *Morgen (Tag).*	kalimä'ra	Καλημέρα
Guten Abend	kaliẞpä'ra	Καλησπέρα.
Gute Nacht	kalini'chta	Καληνύχτα.
Auf Wiedersehen	chä'rätä	Χαίρετε.
Wie komme ich *nach*?	poß θa pa'o *ẞto*	Πῶς θὰ πάω στὸ
Wie weit ist es *nach (zum)* ...?	po'ẞo makrja' i'nä ... apäðo'	Πόσο μακριὰ εἶναι ... ἀπ'ἐδῶ;
Wo bekomme ich ...?	pu boro'na wro	Ποῦ μπορῶ νὰ βρῶ ...;
Gibt es hier ...?	ipa'rchi äðo' ...	Ὑπάρχει ἐδῶ ...;
Ich möchte ...	θa i'θäla (na) ...	Θὰ ἤθελα (νὰ) ...
Wieviel kostet das?	po'ẞo ka'ni,	Πόσο κάνει;
Das gefällt mir (nicht.)	afto' (ðä') mu arä'ẞi	Αὐτὸ (δὲ) μοῦ ἀρέσει.
Das ist zu teuer.	afto' i'nä poli' akriwo'	Αὐτὸ εἶναι πολὺ ἀκριβό.
Wieviel Uhr ist es?	ti o'ra i'nä	Τί ὥρα εἶναι;
Ich verstehe Sie nicht.	ðä ẞaß katalawä'no	Δὲν σᾶς καταλαβαίνω.
Entschuldigen Sie!	mä ẞingehori'tä	Μὲ συγχωρεῖτε!
Sonntag / Montag	kirjaki' / ðäftä'ra	Κυριακή / Δευτέρα
Dienstag / Mittwoch ...	tri'ti / täta'rti	Τρίτη / Τετάρτη
Donnerstag / Freitag ...	pä'mpti / paraskäwi' ..	Πέμπτη / Παρασκευή
Sonnabend / Feiertag ...	ẞa'wato / äorti'........	Σάββατο / Ἑορτή
Januar / Februar	janua'rjoß / fäwrua'rjoß	Ἰανουάριος / Φεβρουάριος

März / April	ma'rtjoß / apri'ljoß	Μάρτιος / 'Απρίλιος
Mai / Juni	ma'joß / ju'njoß	Μάϊος / 'Ιούνιος
Juli / August	ju'ljoß / a'wghußtoß	'Ιούλιος / Αὔγουστος
September / Oktober	ßäptä'mwrjoß / okto'wrjoß	Σεπτέμβριος / 'Οκτώβριος
November / Dezember	noä'mwrjoß / ðäkä'mwrjoß	Νοέμβριος / Δεκέμβριος
heute / gestern	ßi'mära / ehtäß	σήμερα / χτές
morgen / übermorgen	a'wrjo / mäθa'wrjo	αὔριο / μεθαύριο
am *Vormittag (Nachmittag)*	*to proi' (to apo'jäwma)*	*τὸ πρωΐ (τὸ ἀπόγευμα)*
um 11 Uhr	ßtiß ä'ndäka	στὶς ἕνδεκα
um Viertel *vor (nach)* 12	ßtis ðo'ðäka *para' (kjä)* tä'tarto	στὶς δώδεκα *παρὰ (καὶ)* τέταρτο
um 12 Uhr 30	ßtis ðo'ðäka kjä tria'nda	στὶς δώδεκα καὶ τριάν-[τα

Auf Reisen

die Abfahrt	i anaeho'rißiß	ἡ ἀναχώρησις
das Abteil	to ðjamä'rißma	τὸ διαμέρισμα
die Ankunft	i a'fixiß	ἡ ἄφιξις
der Anschluß	i andapo'krißi	ἡ ανταπόκριση
der Aufenthalt	i ðjamoni'	ἡ διαμονή
der Autobus	to läofo'rio	τὸ λεωφορεῖο
der Bahnhof	o ßtaθmo'ß	ὁ σταθμός
eine Fahrkarte	ä'na ißiti'rjo	ἕνα εἰσιτήριο
der Fahrplan	to ðromolo'jjo	τὸ δρομολόγιο
der Flugplatz	to ääroðro'mjo	τὸ ἀεροδρόμιο
das Flugzeug	to ääropla'no	τὸ ἀεροπλάνο
das Gepäck	i apoßkä'wäß	οἱ ἀποσκευές
der Hafen	to lima'ni	τὸ λιμάνι
der Koffer	i wali'za	ἡ βαλίτσα
eine Platzkarte	mja iriθmimä'ni θä'ßiß	μιὰ ἠριθμημένη θέσις
das Reisebüro	to ghrafi'on taxiði'on	τὸ γραφεῖον ταξιδίων
der Schaffner	o ißpra'ktor	ὁ εἰσπράκτωρ
das Schiff	to kara'wi, pli'on	τὸ καράβι, πλοῖον

Zahlen

1	ä'na	ἕνα	**16**	ðäkaä'xi	δεκαέξη
2	ði'o	δύο	**17**	ðäkaäfta'	δεκαεφτά
3	tri'a	τρία	**18**	ðäkaoehto'	δεκαοχτώ
4	tä'ßara	τέσσαρα	**19**	ðäkaänja'	δεκαεννιά
5	pä'nde	πέντε	**20**	i'koßi	εἴκοσι
6	ä'xi	ἕξη	**21**	i'koßi ä'na	εἴκοσι ἕνα
7	äfta'	ἑφτά	**30**	tria'nda	τριάντα
8	oehto'	ὀχτώ	**40**	ßara'nda	σαράντα
9	änja'	ἐννιά	**50**	päni'nda	πενήντα
10	ðä'ka	δέκα	**60**	äxi'nda	ἑξήντα
11	ä'ndäka	ἕνδεκα	**70**	äwðomi'nda'	ἑβδομήντα
12	ðo'ðäka	δώδεκα	**80**	oghðo'nda	ὀγδόντα
13	ðäkatri'a	δεκατρία	**90**	änäni'nda	ἐνενήντα
14	ðäkatä'ßara	δεκατέσσαρα	**100**	äkato'	ἑκατό
15	ðäkapä'nde	δεκαπέντε	**1000**	chi'lja	χίλια

Im Hotel

Wie ist hier die Stromspannung?	pja i'nä äðo' i ta'ßiß tu rä'wmatoß	Ποιὰ εἶναι ἐδῶ ἡ τάσις τοῦ ρεύματος;
Ich reise *heute abend (morgen früh)* ab.	θa fi'gho *apo'psä (a'wrio to proi')*	Θὰ φύγω *ἀπόψε (αὔριο τὸ πρωΐ).*
Ich möchte um ... Uhr geweckt werden.	xipni'ßtä mä ßtiß ...	Ξυπνῆστε με στὶς ...
das Bad	tò ba'njo, lutro'	τὸ μπάνιο, λουτρό
der Balkon	to balko'ni	τὸ μπαλκόνι
ein Doppelzimmer	ä'na ðoma'tjo mä ði'o kräwa'tja	ἕνα δωμάτιο μὲ δύο κρεββάτια
ein Einzelzimmer	ä'na ðoma'tjo mä'na kräwa'ti	ἕνα δωμάτιο μ' ἕνα κρεββάτι
die Heizung	i θä'rmanßiß	ἡ θέρμανσις
das Hotel	to xänoðojchi'o	τὸ ξενοδοχεῖο
die Rechnung	o logharjasmo'ß	ὁ λογαριασμός
der Schlüssel	to kliði'	τὸ κλειδί
der Speisesaal	i trapäsari'a	ἡ τραπεζαρία
das Stockwerk	o o'rofoß	ὁ ὄροφος
die Toilette	i tualä'ta,	ἡ τουαλέττα,
das Trinkgeld	to purbua'r	τὸ πουρμπουάρ
das Zimmer	to ðoma'tjo(n)	τὸ δωμάτιο(ν)
das Zimmermädchen	i kamarjä'ra	ἡ καμαριέρα

Im Restaurant, im Café

Herr Ober, die Speisekarte bitte!	garso'n, tongata'logho parakalo'	Γκαρσόν, τὸν κατάλογο, παρακαλῶ!
Haben Sie offenen Wein?	ä'jchätä kraßi' chi'ma	Ἔχετε κρασὶ χύμα
Das habe ich nicht bestellt.	ðän to para'ngila afto'	Δὲν τό παράγγειλα αὐτό.
Bringen Sie mir bitte ...!	fä'rtä mu parakalo' ...	Φέρτε μου, παρακαλῶ ...!
Die Rechnung bitte.	ton logharjasmo' parakalo'	Τὸν λογαριασμό παρακαλῶ.
Bitte zahlen.	θä'lo na pliro'ßo	Θέλω νὰ πληρώσω.
Abendessen	wraðino' fajito'	βραδυνὸ φαγητό
das Besteck	ta majchäropi'runa	τὰ μαχαιροπήρουνα
Brot	psomi'	ψωμί
die Butter	to wu'tiro	τὸ βούτυρο
das Cafe	to kafäni'o	τὸ καφενεῖο
Eier	awgha'	αὐγά
die Flasche	i boti'lja	ἡ μποτίλια
das Frühstück	to proino'	τὸ πρωϊνό
die Gabel	to piru'ni	τὸ πηρούνι
die Getränkekarte	o kata'loghoß poto'n	ὁ κατάλογος ποτῶν
das Glas	to poti'ri	τὸ ποτῆρι
das Hauptgericht	to ki'rjo fajito'	τὸ κύριο φαγητό
ein Löffel	ä'na kuta'li	ἕνα κουτάλι
ein Messer	ä'na majchä'ri	ἕνα μαχαίρι

das Mittagessen	mäßimärano´(fajito´)	μεσημερανὸ (φαγητό)
das Restaurant	to äßtjato´rjo(n)	τὸ ἐστιατόριο(ν)
das Salz	to ala´ti	τὸ ἁλάτι
die Speisekarte	o kata´loghoß	ὁ κατάλογος
die Tasse	to flidsa´ni	τὸ φλιτζάνι
die Taverne	i tavä´rna	ἡ ταβέρνα
ein Teller	ä´na pja´to	ἕνα πιάτο
der Zucker	i sa´ehari	ἡ ζάχαρη
Alkoholfreie Getränke	pota´ mi inopnäwmato´ðì	*ποτὰ μὴ οἰνοπνευματώδη*
Kaffee	kafä´ß	καφές
Milch	gha´la	γάλα
Tee	tzai	τσάϊ
Wasser	näro´	νερό
Alkoholische Getränke	inopnäwmato´ði pota´	*οἰνοπνευματώδη ποτά*
Bier	bi´ra	μπίρα
Rotwein	ma´wro kraßi´	μαῦρο κρασί
Sekt	ßamba´nja	σαμπάνια
Wein	kraßi´	κρασί
Weißwein	a´ßpro kraßi´	ἄσπρο κρασί
Vorspeisen	oräktika´	*ὀρεκτικά*
Anschovis	ehambsi	χαμψί
Austern	ßtri´ðia	στρείδια
Weinbergschnecken	ßa´ljangäß	σάλιαγκες
Suppen	ßu´päß	*σοῦπες*
Brühe	somo´ß	ζωμός
Fischsuppe	psaro´ßupa	ψαρόσουπα
Gemüsesuppe	ßu´pa mą eho´rta	σοῦπα μὲ χόρτα
Krebssuppe	ßu´pa karawi´ðäß	σοῦπα καραβίδες
Fische	psa´rja	*ψάρια*
Barbe	barbu´ni	μπαρμπούνι
Thunfisch	to´noß	τόννος
Tintenfisch	ßupja´	σουπιά
Garnelen	ghari´ðäß	γαρίδες
Hummer	aßtako´ß	ἀστακός
Krebse	karawi´ðäß	καραβίδες
Langusten	palinu´ri	παλινοῦροι
Miesmuscheln	mi´ðja	μύδια
Fleisch	krä´aß	*κρέας*
Filet	filä´	φιλέ
Hackfleisch	kima´ß	κιμᾶς
Hammelfleisch	arni´	ἀρνί
Lammfleisch	arna´jki	ἀρνάκι
Rindfleisch	woðino´ krä´aß	βωδινὸ κρέας
Schweinefleisch	chirino´ krä´aß	χοιρινὸ κρέας
Spießbraten	ßuwla´jkja	σουβλάκια

Wild und Geflügel	kini'ji kjä pulärika'	*κυνήγι καὶ πουλερικά*
Ente	pa'pja	πάπια
Huhn	ko'ta	κότα
Kartoffeln	pata'täß	*πατάτες*
Reis	ri'si	ρύζι
Spaghetti	ßpajä'ti	σπαγέττι
Gemüse	lachanika'	*λαχανικά*
Artischocken	angina'räß	ἀγκινάρες
Grüne Bohnen	(pra'ßina) faßo'lja	(πράσινα) φασόλια
Gurken	angu'rja	ἀγγούρια
Knoblauch	ßko'rðo	σκόρδο
Oliven	äljä'ß	ἐλιές
Pilze	manita'rja	μανιτάρια
Tomaten	doma'täß	ντομάτες
Zwiebel	krämi'ði	κρεμμύδι
Nachspeisen	äpiðo'rpja	*ἐπιδόρπια*
Creme	krä'ma	κρέμα
Eis	paghoto'	παγωτό
Kuchen	pa'ßta	πάστα
Obstsalat	ßala'ta fru'ton	σαλάτα φρούτων
Pudding	puti'nga	πουτίγγα
Salate	ßala'täß	*σαλάτες*
Gemischter Salat	ßala'ta mikti'	σαλάτα μικτή
Obst	fru'ta	*φροῦτα*
Apfelsinen	portoka'lja	πορτοκάλια
Aprikosen	kaißja', wäri'koka	καϊσιά, βερίκοκκα
Mandeln	ami'ghðala	ἀμύγδαλα
Melone	päpo'ni	πεπόνι
Pfirsiche	roða'kina	ροδάκινα
Wassermelone	karpu'si	καρπούζι
Weintrauben	ßtafi'lja	σταφύλια

Zoll, Bank, Polizei, Post

An der Grenze	ßta ßi'nora	*Στὰ σύνορα*
Ich habe nichts zu verzollen.	ðän ä'cho ti'potä na ðilo'ßo	Δὲν ἔχω τίποτε νὰ δηλώσω.
Haben Sie Gepäck im Gepäckwagen?	ä'jchätä apoßkäwä'ß ßti ßkäwofo'ro	Ἔχετε ἀποσκευὲς στὴ σκευοφόρο;
der Ausweis	to ðälti'on tafto'titoß	τὸ δελτίον ταυτότητος
die Grenze	ta ßi'nora	τὰ σύνορα
die Paßkontrolle	o ä'länchoß ðjawatiri'on	ὁ ἔλεγχος διαβατηρίων
der Reisepaß	to ðjawati'rjo(n)	τὸ διαβατήριο(ν)
die Unterschrift	i ipoghrafi'	ἡ ὑπογραφή
das Visum	i θäo'rißiß, i wi'sa	ἡ θεώρησις, ἡ βίζα
Zoll	täloni'on	τελώνιον

In der Bank	ßtin dra'päsa	*Στὴν τράπεζα*
Wo kann ich Geld wechseln?	pu boro' na ala'xo chri'mata	Ποῦ μπορῶ νὰ ἀλλάξω χρήματα;
Wechseln Sie mir dies bitte in ...	parakalo' ala'xtä mu afto' ßä ...	Παρακαλῶ, ἀλλάξτε μου αὐτὸ σέ ...
Wie ist der Kurs für ...	pja i'nä i axi'a tu ...	Ποιὰ εἶναι ἡ ἀξία τοῦ...
die Devisen	to ßina'laghma	τὸ συνάλλαγμα
der Reisescheck	to tzäk taxiði'u	τὸ τσὲκ ταξιδίου
Auf der Polizei	ßtin aßtinomi'a	*Στὴν ἀστυνομία*
Man hat mir ... gestohlen.	mu ä'kläpsan ...	Μοῦ ἔκλεψαν ...
Verständigen Sie bitte mein Konsulat.	iðopii'ßtä to proxäni'o mu parakalo'	Εἰδοποιῆστε τὸ προξενεῖο μου, παρακαλῶ.
Auf der Post	ßto tajchiðromi'o	*Στὸ ταχυδρομεῖο*
Ich möchte ein Gespräch nach ... anmelden.	θä'lo na ka'no ä'na tiläfo'nima ßto (ßtin) ...	Θέλω νὰ κάνω ἕνα τηλεφώνημα στὸ (στὴν) ...
die Anschrift	i ðiä'fθinßi	ἡ διεύθυνση
der Brief	to ghra'ma	τὸ γράμμα
die Briefmarken	ta ghramato'ßima	τὰ γραμματόσημα
das Einschreiben	to ßißtimä'no(n)	τὸ συστημένο(ν)
das Ferngespräch	to ipäraßtiko' tiläfo'nima	τὸ ὑπεραστικὸ τηλεφώνημα
mit Luftpost	ääroporiko'ß	ἀεροπορικῶς
das Ortsgespräch	to topiko' tiläfo'nima	τὸ τοπικὸ τηλεφώνημα
das Paket	to ðä'ma	τὸ δέμα
das Postamt	to tajchiðromi'o	τὸ ταχυδρομεῖο
die Postkarte	to ðälta'rjo	τὸ δελτάριο
die Telefonnummer	o ariθmo'ß tiläfo'nu	ὁ ἀριθμὸς τηλεφώνου
das Telegramm	to tiläghra'fima	τὸ τηλεγράφημα

Krankheit, Unfall, Medizin

Können Sie mir einen *guten Arzt* empfehlen?	bori'tä na mu ßißti'ßätä ä'nan *galo' jatro'*	Μπορεῖτε νὰ μοῦ συστήσετε ἕναν *καλὸ γιατρὸ*
Wann hat der Arzt Sprechstunde?	po'tä ðä'jchätä o jatro'ß	Πότε δέχεται ὁ γιατρός;
Wo ist die *nächste Apotheke*	pu i'nä *to plißjä'ßtäro farmaki'o*	Ποῦ εἶναι *τὸ πλησιέστερο φαρμακεῖο*
Ich habe hier Schmerzen.	pono' äðo'	Πονῶ ἐδῶ.
Ich *möchte* ein Mittel gegen ...	*θä'lo* ä'na jatriko' ja ...	***Θέλω*** ἕνα γιατρικὸ γιὰ
Krankheiten	aßtä'njäß	*'Ασθένειες*
die Arznei	to fa'rmako	τὸ φάρμακο
Fieber	pirätoʼß	πυρετός
das Krankenhaus	to noßokomi'o(n)	τὸ νοσοκομεῖο(ν)
die Salbe	i alifi'	ἡ ἀλοιφή
Sonnenstich	ili'aßiß	ἡλίασις
die Tablette	to ðißki'o(n)	τὸ δισκίο(ν)
der Verband	o äpi'ðäsmoß	ὁ επίδεσμος
Zahnschmerzen	pono'ðondoß	πονόδοντος

Bildnachweis: Umschlagfoto: Touropa Bildarchiv.
Innenteil: Dr. Wolf Seidl, München (S. 15, 19, 20, 23, 29, 31, 34, 38, 41, 43, 45, 46 u.l. und u.r., 49, 50 o. und u., 52, 54, 56, 57, 60 o. und u., 61, 62, 66, 68, 73 o. und u.r., 74, 75, 76, 78, 82); Hirmer Verlag, München (S. 8 o., u.l. und u.r., 9 o.l. und o.r., u.l. und u.r., 27); Bavaria-Verlag, Gauting (S. 4, 67); Bildarchiv Prenzel-IFA, München (S. 17, 63); Gerold Jung, Ottobrunn (S. 16, 65, 69, 83); Touropa Bildarchiv (S. 3, 47); Siegried Radszuweit, München (S. 71, 73 u.l.); Georg Reiser, Putzbrunn (S. 59).
Farbfotos Innenteil: Bavaria-Verlag, Gauting: Asklepieion, Zentrum der Stadt Kos. Gerold Jung, Ottobrunn: Tintenfische, Frühling, Bäuerin. Bildarchiv Prenzel-IFA, München: Taverne, Keramik, Schwämme. Georg Reiser, Putzbrunn: Großmeisterpalast, Blick von Lindos, Sultan-Suleiman-Moschee, Symi, Pope. Alle anderen von Dr. Wolf Seidl, München.

Karten: Gert Oberländer, München · *Illustration:* Heinrich Schmid, Frankfurt

Druck: R.Oldenbourg, Graphische Betriebe GmbH, München